MISSION BANQUISE

DU MÊME AUTEUR

Médecine et Sports de montagne, Favre, 1982
Le Marcheur du Pôle, Robert Laffont, 1986
Transantarctica, Robert Laffont, 1990
Pôle Sud, L'Esprit du Temps, 1991
Les Pôles, Flammarion, 1992
Antarctica, Gallimard, 1992
Erebus, Flammarion, 1994
Le Pôle intérieur, Hoëbeke, 1999
La Complainte de l'ours, J.-C. Lattès, 2001

ISBN : 2-02-055683-9

www.seuil.com

MISSION BANQUISE

JEAN-LOUIS ÉTIENNE

PHOTOGRAPHIES DE
JEAN-LOUIS ÉTIENNE ET FRANCIS LATREILLE

SEUIL | 7e CONTINENT

Avant-propos

En un demi-siècle, la banquise a perdu 40 % de son épaisseur et 6 % de sa surface. Cette régression témoigne de l'évolution climatique actuelle où l'homme a sa part de responsabilité. Passerelle entre l'aventure et la science, la « Mission Banquise » était l'occasion d'approfondir et de partager les connaissances sur le Bassin arctique, cet océan gelé, rarement fréquenté et encore mal connu.

Une expédition se monte comme une pyramide à l'envers. Tout part d'une idée centrale sur laquelle se bâtissent les différentes faces de l'édifice : technique, logistique, financement, médiatisation, science, éducation. Il faut réunir des partenaires, sachant que l'un ne viendra que si l'autre se décide et inversement. Ainsi, à force de persévérance et de conviction, chacun s'enrôle dans l'histoire et le rêve devient réalité.

Le lancement de la dérive arctique fut une période d'intense créativité. Je me suis impliqué à tous les niveaux : le module habitable, les sources d'énergie, l'élaboration du programme scientifique et pédagogique, l'organisation de la logistique…

La recherche de financement, passage obligé de toute entreprise, fut comme toujours la partie la plus ingrate, imprévisible, mais elle fait partie de l'aventure et procure aussi ses moments de satisfaction.

Le premier partenaire fut le conseil régional Midi-Pyrénées, sous l'impulsion d'Alain Bénéteau et de son président Martin Malvy. Ce terroir, où les technologies spatiales et aéronautiques sont très développées, réunissait toutes les compétences pour la réalisation du *Polar Observer*, le pivot central du projet.

Cette décision précoce permit d'en lancer très tôt la construction au CRITT (Centre régional d'innovation et de transfert de technologie) mécanique et composite de Toulouse. Le ministère de l'Environnement, l'ADEME (Agence de l'environnement et de maîtrise de l'énergie), Gaz de France, et l'Association française de l'hydrogène, s'investirent pour les choix énergétiques et le programme éducatif sur le climat.
Au ministère de l'Éducation nationale, Alain Élie et Jean Cassanet me renouvelèrent leur confiance, acquise au cours des expéditions précédentes. Saisissant l'opportunité, différents laboratoires du CNRS me confièrent des travaux de mesures et de collecte d'échantillons dans cette partie du monde rarement fréquentée. Il faudra plusieurs mois aux chercheurs pour analyser ces observations et les résultats ne seront publiés que l'année prochaine.
Deux industriels, Yves Gonord, président de Fleury Michon, et Alain Justet, président d'Unilever, sensibles aux objectifs pédagogiques et environnementaux de la mission, apportèrent le soutien technique et financier de leur entreprise.
Cette liste de partenaires prestigieux est la récompense de vingt ans d'expéditions et de deux années de préparation assidue. Malgré les lenteurs décisionnelles, les faux espoirs et les désistements inattendus, la « Mission Banquise » prit corps, réunissant des fidèles et des convaincus, devenus partenaires et amis de ce projet qui me tenait à cœur.
Je voudrais une nouvelle fois les remercier, ainsi que tous ceux qui ont contribué à la réussite de cette aventure en apportant leur indispensable pierre à l'édifice.

L'Antarctica *en hivernage au Spitzberg, hiver 1995-1996.*

La réalisation d'un vieux rêve

Le 14 avril 1986, j'arrivais au pôle Nord géographique après 63 jours de marche solitaire. Parti de l'extrême nord du Canada, j'avais affronté la banquise dans sa partie la plus chaotique, là où elle vient s'écraser, mue par les forces titanesques qui la poussent inexorablement dans sa lente traversée de l'océan Arctique. J'avais maudit la glace au début, tant la progression était harassante ; combien de fois ai-je failli abandonner ! Puis, au fil des semaines, familiarisé avec cet univers hostile, mon regard sur la banquise changea peu à peu, jusqu'à deviner dans ce chaos d'un autre monde des forces, des formes, une puissance et une beauté qui allaient me marquer pour toujours. Sur ce parcours, pour moi héroïque, j'avais affronté la banquise à contre-courant et aussi contre le temps : la montée vers le pôle Nord est une véritable course contre la montre, car il faut y parvenir avant les premières manifestations de la débâcle, qui débute en mai. Pressé par le temps et anéanti par trop d'efforts, j'ai souvent imaginé revenir un jour faire le parcours inverse, vivre sur la banquise, me laissant emporter par elle pour une grande traversée de l'océan Arctique.

Ce rêve, le Norvégien Nansen l'avait réalisé entre 1893 et 1896, à bord de son bateau, le *Fram*, et je m'étais mis en tête, un siècle après, de refaire cette expédition. J'avais réuni tous les moyens humains et techniques pour la construction de l'*Antarctica*, un bateau polaire, solide et marin à la fois, capable comme le *Fram* d'échapper par ses formes et sa structure à l'écrasement par la banquise. Après plusieurs voyages sur les mers polaires arctiques et antarctiques, le manque de financement m'avait contraint à le vendre.

Le *Fram* à la dérive sur l'océan Arctique (1893-1896).

Dans cette séparation difficile, une chose me consolait : il était repris par le célèbre navigateur néo-zélandais Peter Blake pour un programme de découverte et de sensibilisation relatif à l'évolution de l'environnement sur notre planète. Malheureusement, il devait arrêter sa course à la mort de Peter Blake, lâchement assassiné en Amazonie en décembre 2001, au cours d'un de ses reportages. Malgré la vente de l'*Antarctica*, je n'avais pas abandonné l'envie de dériver sur l'océan Arctique. Me vint alors l'idée de faire construire un habitacle léger qui serait acheminé par les airs au pôle Nord. Deux années de réflexion et de nombreux dessins ont précédé ce jour du 11 avril 2002, où le *Polar Observer*, déposé sur l'axe de rotation de la Terre, a commencé son voyage immobile sur la banquise en dérive.

La Jeannette *broyée par la compression de la banquise.*

La découverte de la dérive transpolaire

Le courant de dérive transpolaire est le trajet suivi par la banquise à la surface de l'océan Arctique, du détroit de Béring vers la côte est du Groenland en passant par le pôle Nord.
Sa découverte remonte à la fin du XIXe siècle. À cette époque, personne n'avait encore atteint le pôle, l'océan Arctique était inconnu et les tentatives héroïques se multipliaient. Tous les explorateurs se heurtaient à cette banquise infranchissable où nombre d'entre eux se firent emprisonner. Parmi tous les naufrages, la disparition en 1847 de l'*Erebus* et du *Terror* avec leurs 155 membres d'équipage dirigés par Sir John Franklin a marqué l'histoire de la découverte de l'Arctique et lancé de nombreuses expéditions dans leur sillage.

La majorité des explorateurs tentaient de se frayer un passage depuis le nord de l'Europe, du Canada ou du Groenland. L'Américain De Long à bord de la *Jeannette* tenta, sans plus de chance, d'atteindre le pôle Nord en partant du détroit de Béring à l'été 1881. Son bateau fut broyé par les glaces, et très peu de survivants réussirent à atteindre la côte sibérienne à bord d'une chaloupe. Trois années après le naufrage, des Inuits découvrirent l'épave de la *Jeannette* dans les glaces dérivantes qui longent la côte est du Groenland. Elle avait donc traversé l'océan Arctique de part en part, emportée par le courant de la banquise, qu'on allait baptiser courant de dérive transpolaire.

Nansen et son compagnon quittent le Fram *et partent à la conquête du pôle Nord.*

La dérive du "Fram"

L'existence d'un courant de dérive transpolaire inspira le Norvégien Nansen*. Après sa traversée du Groenland d'est en ouest en 1888, Nansen avait acquis la notoriété et la confiance lui permettant d'entreprendre un des plus audacieux projets de conquête des pôles. Son objectif était d'atteindre le pôle Nord, en se laissant dériver à bord d'un bateau spécialement conçu pour résister là où tous les autres s'étaient fait broyer. Il fit construire le *Fram*, un navire de 40 mètres en bordé de chêne, aux formes arrondies pour échapper aux puissantes mâchoires de la banquise.
Parti de Christiania (Oslo) le 23 juin 1893, il emprunta le passage du Nord-Est et se fit prendre par les glaces de septembre, aux abords de la Nouvelle-Sibérie. Après un an et demi de dérive, le *Fram* avait atteint la latitude 84° nord, quand Nansen décida de se lancer à l'assaut du pôle avec son compagnon Johansen. Ils quittèrent le navire le 14 mars 1895 et, après trois semaines de marche harassante, ils abandonnèrent à la latitude record de 86° 10' N.
Pendant ce temps, le *Fram* continuait sa dérive avec ses onze équipiers, qui poursuivaient l'étude océanographique de l'océan Arctique. En quittant son bateau, Nansen savait très bien qu'il ne le retrouverait pas, et il avait prévu de revenir vers les îles François-Joseph. Après six mois de marche héroïque sur la banquise, ils posaient enfin le pied sur la terre ferme où ils allaient passer un troisième hiver polaire dans un abri de pierre tapissé de peaux de bête. À la fin du printemps, ils furent secourus par une expédition anglaise qui les ramena au nord de la Norvège. Par une heureuse coïncidence, le *Fram*, sorti indemne de sa dérive, parvint en même temps à Tromsø, au nord du pays. La descente le long de la côte norvégienne fut une marche triomphale jusqu'au port de Christiania, la capitale, où le *Fram* arriva le 19 septembre 1896. Nansen et ses équipiers furent accueillis en héros, au terme de trois années d'une aventure exceptionnelle, qui compte parmi les plus belles histoires de la découverte de l'Arctique.

**Vers le Pôle*, Fridtjof Nansen, Hoëbeke, rééd. 1996.

Le dérive du "Polar Observer"
11 avril 2002 - 4 juillet 2002 - 420 km.

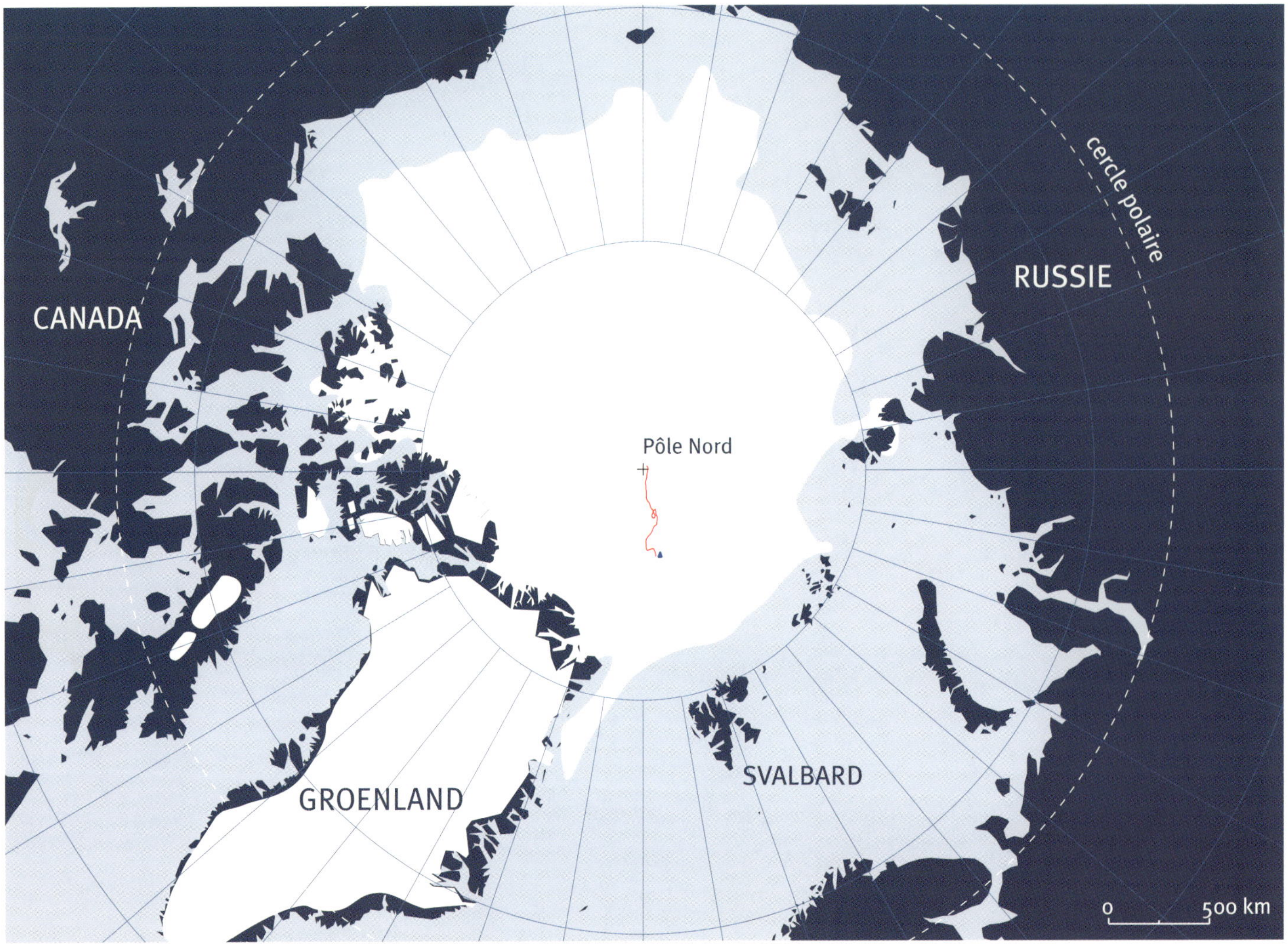

Le pôle Nord se situe au milieu de l'océan Arctique.

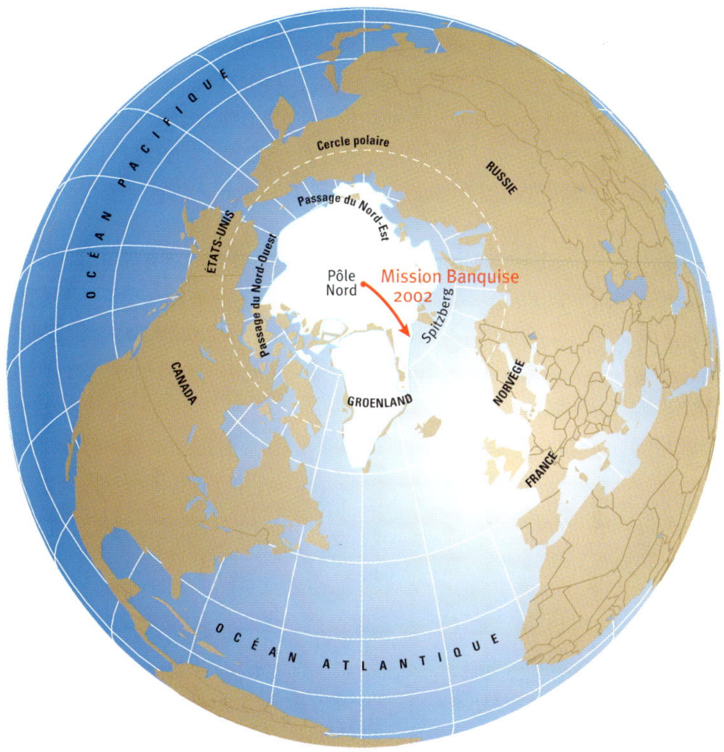

Papanine, Chirchov, Fedorov et Krenkel saluent l'avion qui vient de les déposer au Pôle pour neuf mois de dérive.

Les stations dérivantes soviétiques

La première station dérivante soviétique fut installée au pôle Nord, en mai 1937. Elle répondait à la volonté de Joseph Staline de conforter auprès de l'opinion internationale la présence soviétique sur le Bassin arctique. Sous la direction de Papanine, quatre hommes furent déposés au Pôle en avion. Un camp de toile fut installé sur la banquise où les explorateurs vécurent à la dérive pendant neuf mois. L'essentiel de leurs occupations consistait en observations scientifiques, notamment sur l'océan dont ils mesuraient régulièrement la profondeur à l'aide d'une sonde pendue au bout d'un câble métallique qu'ils déroulaient jusqu'au fond, près de 5 000 mètres par endroits. Le radio était en permanence à l'écoute du monde et envoyait régulièrement des communiqués de presse à la *Pravda*, qui relayait l'aventure auprès du public et de la presse internationale. Sur la banquise, les décisions se prenaient au cours de la réunion politique hebdomadaire que dirigeait Papanine ; tout était organisé à la gloire de Staline. C'est du moins ce qui ressort, d'une manière un peu caricaturale, du récit de l'expédition. Cela n'enlève rien à la bravoure et à la qualité du travail scientifique réalisé par cette remarquable équipe. Ils furent récupérés en février 1938, sur la côte nord-est du Groenland, par une imposante flotte de brise-glace et d'avions.
À son retour, Papanine se vit confier par Staline l'organisation de la route maritime du Nord. Jusqu'à la fin de la guerre froide, les Soviétiques auront en permanence des bases dérivantes sur la banquise, avec un double objectif, stratégique et scientifique.

СССР
Дрейфующая
1937
Экспедиция Главсевморпути

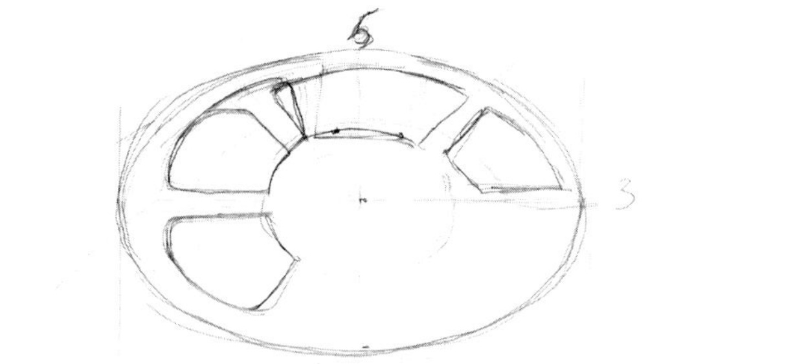

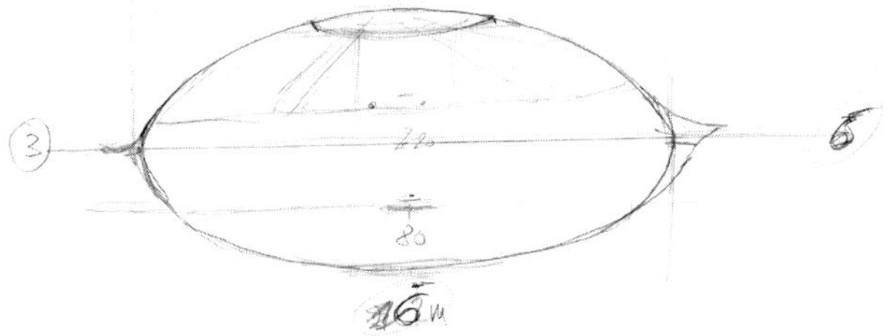

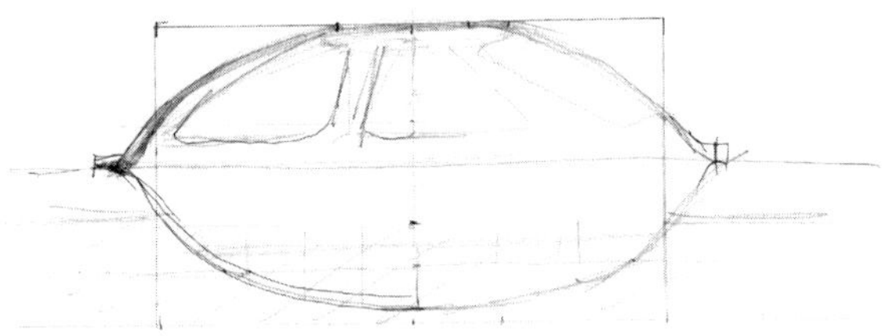

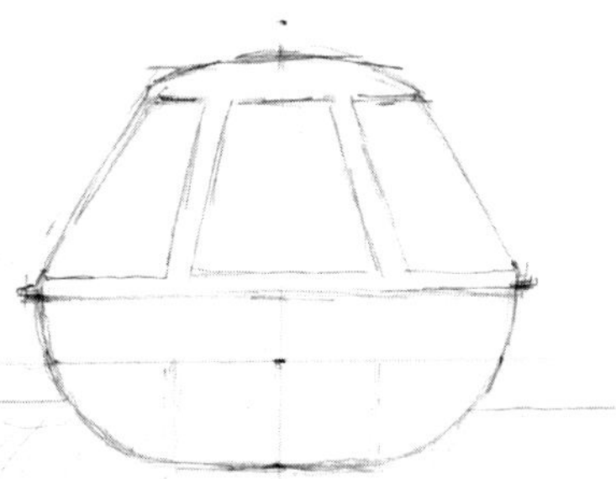

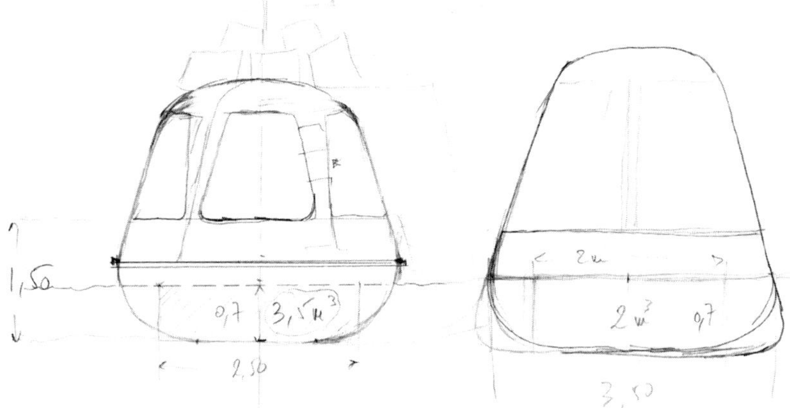

L'architecture du "Polar Observer"

Depuis l'esquisse du premier dessin jusqu'à sa réalisation, l'architecture du *Polar Observer* a évolué. Le rêve original a dû s'adapter aux contraintes qui se sont peu à peu révélées – contraintes logistiques imposées par le transport aérien au pôle, contraintes liées au terrain, tel le froid (– 35 °C), le travail de la banquise...

Le choix de la forme générale

À l'origine, je voulais un habitacle avec de grandes ouvertures pour vivre au cœur de la banquise dans le confort d'un cocon transparent. Cet habitacle offrait l'avantage de piéger le rayonnement solaire en permanence, ce qui, en l'absence de nuit, aurait suffi à son chauffage. Je me souvenais qu'à la fin de l'hivernage au Spitzberg, il faisait toujours bon sous le dôme en Altuglas qui coiffait la passerelle de l'*Antarctica*. Cependant la chaleur devenait intenable après des heures de soleil et la permanence de cette intense lumière est à la longue épuisante. Il fallait donc des cloisons avec des hublots.
La forme générale de départ était celle d'un œuf.
La partie basse devait être assez volumineuse pour assurer la flottabilité de la capsule si elle passait accidentellement à l'eau. Les réserves de nourriture et de combustible seraient stockées dans le fond pour assurer la stabilité verticale. Par ailleurs, je devais pouvoir tenir debout dans la partie habitable (1,70 m) et dormir en hauteur sur une mezzanine où l'air chaud se concentre. On arrivait à un diamètre extérieur de 3,5 m pour une hauteur de 3,7 m : un bel œuf, un « Culbuto » en quelque sorte.

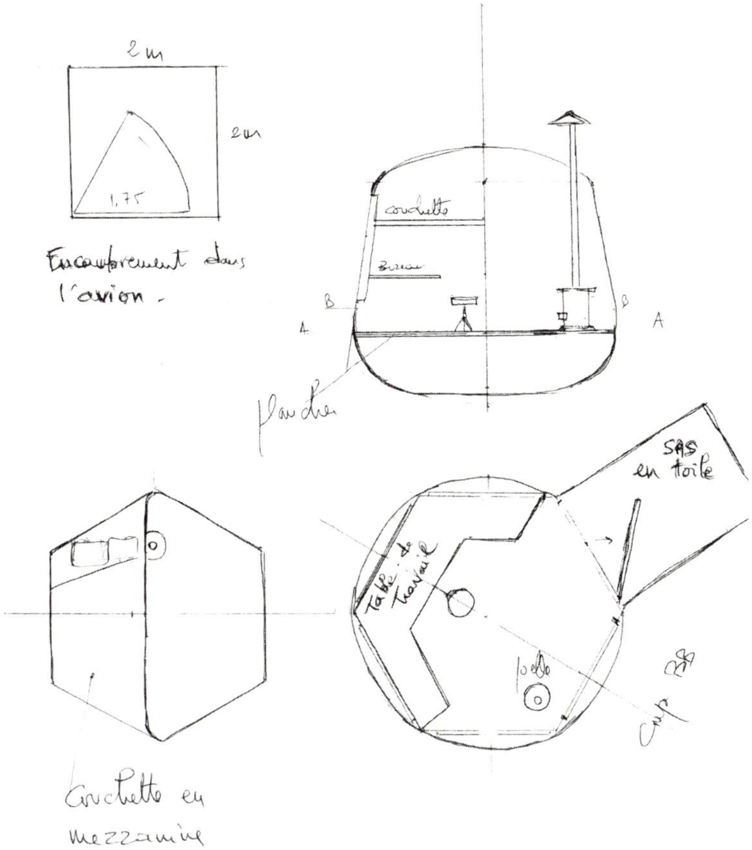
2m
2m
1,75
Encombrement dans l'avion.
couchette
Bureau
plancher
SAS en toile
Table de travail
Couchette en mezzanine

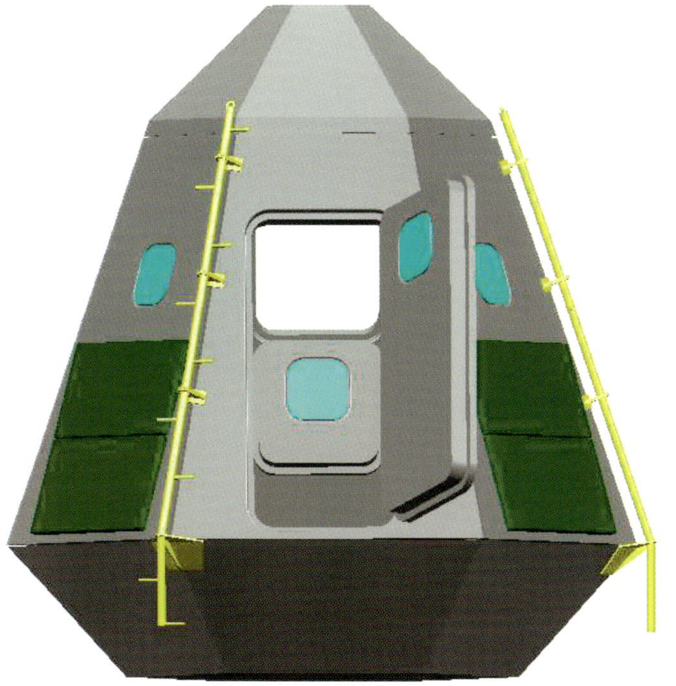

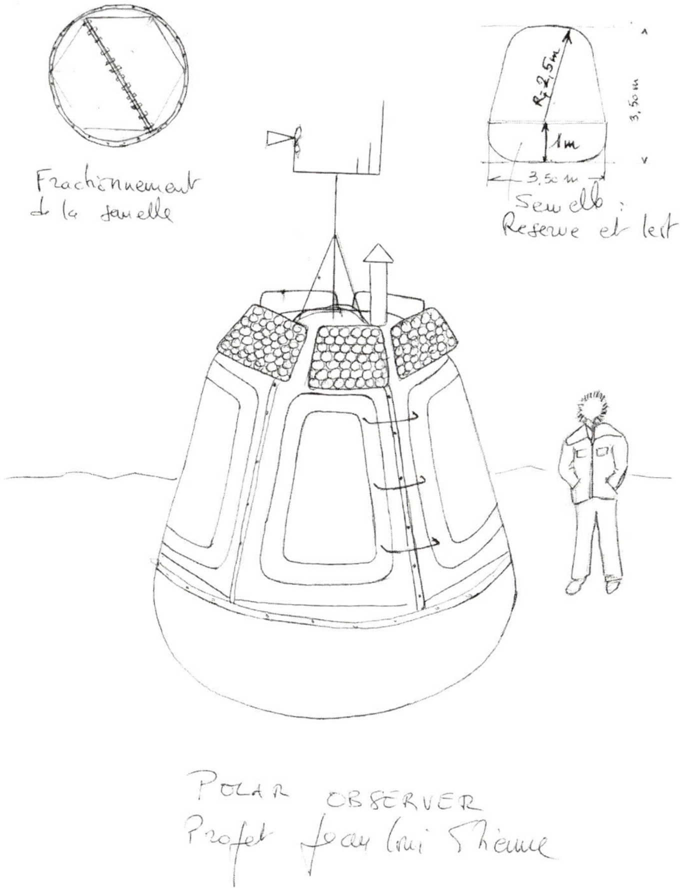
Fractionnement de la gamelle
R 2,5m
3,50 m
1m
3,50 m
Semelle : Reserve et lest
POLAR OBSERVER

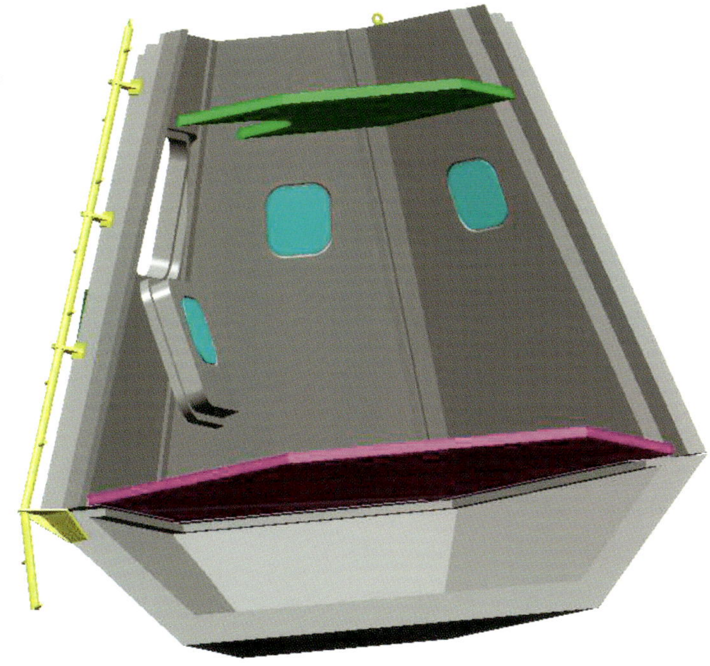

Les contraintes logistiques

Comment transporter le *Polar Observer* au pôle Nord ? La voie des airs était une évidence, mais aucun avion de transport ne pouvait contenir un tel volume. Pourtant le parachutage aurait simplifié bien des problèmes logistiques et techniques. Il fallait donc diviser la forme générale en plusieurs éléments que l'on mettrait en caisse. Seuls les Russes possédaient l'avion et les pilotes expérimentés pour se poser sur la banquise. La taille des caisses contenant les éléments du module ne pouvait être supérieure aux dimensions de la soute de l'*Antonov 74* :
2,10 x 1,80 x 8 mètres.
Ces conditions posées, nous savions que le fond, la « soute », devait être fait de demi-coques étanches, que les murs seraient composés de six panneaux identiques, et le toit constitué d'une pièce unique.

Les contraintes de fabrication

La construction du *Polar Observer* est l'aboutissement de réflexions et d'études qui ont été menées au CRITT mécanique et composite de l'université Paul-Sabatier de Toulouse. Michel Carrier et Didier Falandry m'ont avoué avoir consacré de nombreuses nuits d'insomnie à chercher des solutions qui satisfassent toutes les exigences.
Fort heureusement, les ingénieurs du CRITT réunissent les deux compétences indispensables à la construction de prototypes : savoir mener l'étude et connaître la mise en œuvre des matériaux, ce qui me soulageait de toutes mes angoisses.
Une construction en matériaux composites s'est immédiatement imposée : un sandwich, où les peaux extérieure et intérieure, en fibre de verre et résine époxy, enserreraient une mousse isolante. La densité et la nature de l'isolant ont fait l'objet de nombreuses discussions avant que soit choisie une mousse en PVC, de 15 centimètres d'épaisseur, qui explique la forme plane des cloisons (cette épaisseur rend difficile la réalisation de formes arrondies), si bien que l'œuf est devenu le polyèdre définitif qu'est le *Polar Observer*.

Les contraintes d'assemblage

L'assemblage des éléments devant se faire sur la banquise, à la base temporaire de Barnéo, à 89° N, une grande tente gonflable avait été prévue pour que la construction se fasse à l'abri du vent glacial. En l'absence d'engin de levage, un astucieux échafaudage avait été conçu par l'équipe du CRITT. Une fois monté, le *Polar Observer* devait être hélitreuillé jusqu'au Pôle, soit sur une distance de 130 kilomètres, par un gros hélicoptère russe de type MI8 qui soulèverait, à l'aide de trois élingues fixées à des points d'ancrage, les 1 200 kilogrammes de la capsule et de son équipement énergétique (réserves de gaz et d'hydrogène).

Mercredi 10 avril 2002

Beau temps à Barnéo.

Après trois jours d'attente à Longyearbyen en raison du mauvais temps, l'*Antonov 74* nous a déposés à la station russe de Barnéo, à 88° 37'N, où nous avons assemblé le *Polar Observer* sous une tente gonflable. Michel Carrier et Didier Fallandry du CRITT ont pris la direction des opérations et tout le monde s'est mis au travail, malgré la température glaciale (– 35 °C en moyenne). Il a fallu mettre les bouchées doubles pour rattraper le temps perdu.

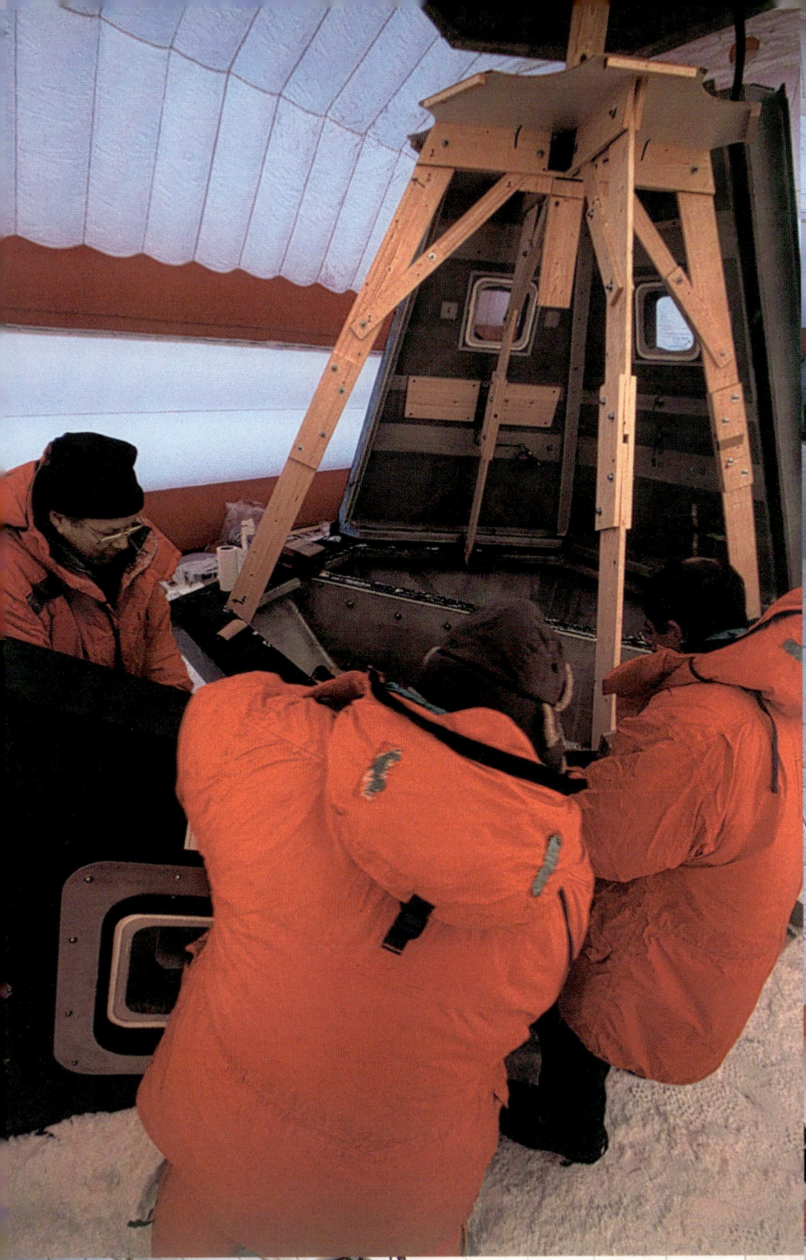

Gaz de France
CONSEIL REGIONAL MIDI-PYRÉNÉES

SER
VER
PO
Fleury Michon

ХАТАНГА
МИ-8

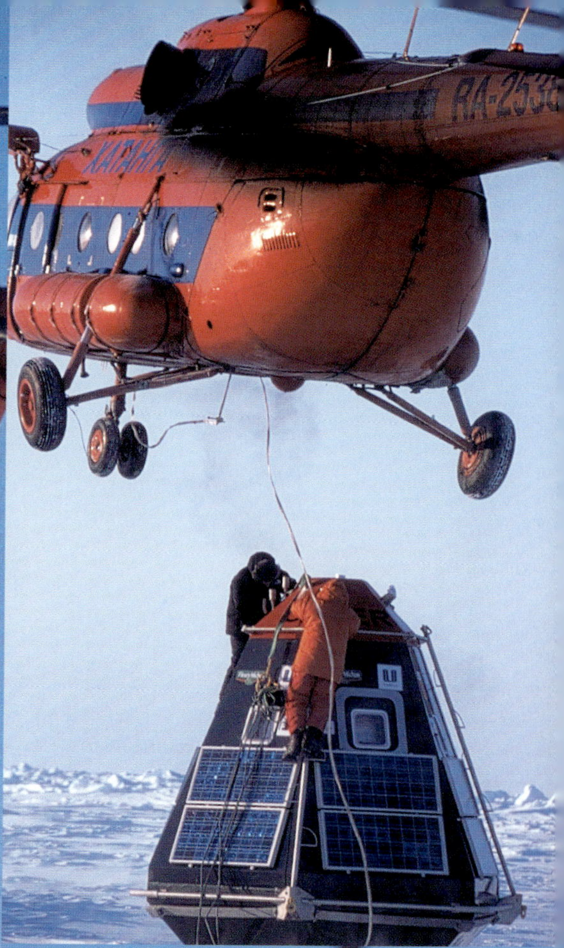
ХАТАНГА

ХАТАНГА

Jeudi 11 avril 2002

Le beau temps est avec nous.

Après de longues palabres menées par Criquet et Nicolas, le chef pilote russe s'est enfin décidé. Il a jeté un œil sur les élingues et les points d'amarrage du *Polar Observer* avant de lancer sa machine, le fameux hélicoptère MI8. Soucieux d'éviter que les cheminées et les évacuations de sécurité placées sur le toit ne soient endommagées, je suis resté accroché sous le souffle puissant de l'engin jusqu'à ce que les élingues se tendent, à la limite du décollage. La capsule s'est élevée lentement dans les airs et le pilote a pris la direction du nord. Nous l'avons suivi dans un second hélicoptère. Accroché à vingt mètres sous les pales, le *Polar Observer* n'a cessé de tourner comme une toupie (un tour toutes les deux secondes) jusqu'à l'arrivée au Pôle. C'est le pilote, très expérimenté, qui a choisi l'emplacement de ce qui va être mon aire de vie pour les trois mois à venir. Un petit groupe reste avec moi encore quelques jours pour m'aider à monter le camp et tout mettre en route. Après le départ des hélicoptères, quand le silence est revenu, je me suis éloigné pour regarder le *Polar Observer* dans son décor polaire. Cette fois je ne rêvais plus, c'était bien lui et c'était bien moi, au pôle Nord. Mon cœur battait fort et mes yeux brillaient d'émotion : il y a deux ans que j'attendais ce jour.

LAR
CONSEIL
REGIONAL

Mercredi 17 avril 2002

Beau temps. Blizzard.
12 TU. N 89° 57 721.
E 76° 16 250.
V 35 SE.
T – 28 °C.
Wcf – 42 °C.
Hu 63 %.
P 993,7.

SE SITUER SUR LA BANQUISE

12 TU. N 89° 57 721. E 76° 16 250. V 35 SE. T – 28 °C. Wcf – 42 °C. Hu 63 %. P 993,7

- 12 TU correspond à 12 heures en temps universel, noté aussi GMT (*Greenwich Mean Time*), l'heure du méridien zéro étant la référence pour tous les pays du monde.
- N 89° 57 721 donne la latitude nord, 89 degrés, 57 minutes, 721 millièmes de minute. Chaque degré de latitude est divisé en 60 minutes, et une minute de latitude équivaut à un mille nautique, soit 1 852 mètres.
- E 76° 16 250 : longitude est, 76° degrés, 16 minutes, 250 millièmes de minute.
- V 35 SE indique la vitesse et la direction du vent (N : nord ; W : ouest ; S : sud ; E : est) ; ici le vent souffle à 35 km/h, il est de secteur sud-est.
- T – 28 °C correspond à la température de l'air en degrés Celsius.
- Wcf – 42 °C renseigne sur la température perçue par le corps, tenant compte du refroidissement lié au vent (*wind chill factor*), en degrés Celsius.
- Hu 63 % signifie que l'humidité relative est de 63 %.
- P 993,7 signale que la pression atmosphérique est de 993,7 hectopascals (hPa).

Il a fallu près de cinq jours de travail intense pour mettre en route le *Polar Observer* et installer le matériel d'observation et de mesures scientifiques sur la banquise. Frédéric Touvard a apporté la dernière touche à la pile à combustible et m'a initié à son pilotage. Hervé Henry a configuré la régulation des systèmes électriques, c'est-à-dire l'équilibrage entre le solaire, la pile à combustible et la charge des batteries au lithium.

Denis Conte, charpentier et alpiniste, compagnon de nombreuses expéditions, est omniprésent sur les chantiers. Il a fait un trou au carottier à travers la banquise : elle fait 2,35 m d'épaisseur, ce qui est rassurant, compte tenu des crêtes de compression et des zones de fractures qui m'entourent. La chaîne de thermistance, qui mesure en continu la température de la glace à différentes profondeurs, est installée dans le trou (l'envoi des données est automatique par balise Argos). Serge Nègre a mis en place le photomètre du LOA (Laboratoire d'optique atmosphérique), le fluxmètre pour la mesure du rayonnement solaire et la station d'émission par satellite.

Heureusement qu'il a fait beau les trois premiers jours après la dépose au pôle (– 35 °C en moyenne avec le vent) : cela nous a permis d'avancer efficacement. Depuis quarante-huit heures, le blizzard souffle à 30-40 km/h. On se refroidit vite et la neige soufflée rend le travail à l'extérieur très pénible. Hier soir à minuit, j'ai terminé ma « formation cinéma » avec le maître Emilio : sa vision du film me donne envie de faire des images. Jean-Gabriel m'a expliqué le fonctionnement des caméras et Francis Latreille m'a donné quelques consignes pour les photos. J'ai la tête pleine de mille informations apprises en cours accéléré, que je vais maintenant devoir maîtriser seul. L'équipe devrait me quitter demain si le temps le permet. Alors commencera ma dérive en solitaire.

Gaz de France
CONSEIL RÉGIONAL MIDI-PYRÉNÉES
Fleury Michon
ADEME
CRITT

Surveillance de l'horizontalité du fluxmètre.

À gauche : chaîne de thermistances permettant de suivre la température de la glace.
À droite : largage d'un ballon emportant une nacelle météo : le programme Pastel.

Vendredi 19 avril 2002

Beau temps.
12 TU. N 89° 49 622.
E 56° 53 467.
V 10 NNW.
T – 29 °C.
Wcf – 34 °C.
Hu 64 %.
P 1 005,4.

Hier, l'hélicoptère qui a ramené tout le monde à Barnéo venait de récupérer Geoff Somers sur la banquise. C'était étrange de retrouver Geoff au pôle Nord avec quatre clients ; mon ancien coéquipier de la traversée du Groenland et de l'Antarctique est maintenant guide polaire. « C'est ce que je sais faire le mieux », m'a-t-il dit comme en s'excusant. Quelques heures auparavant, il avait assisté à la formation d'une crête de compression :

« Elle avançait sur nous très vite, dans un grondement impressionnant ; nous avons dû plier le camp avant d'être engloutis par les blocs de glace. Le bruit, Jean-Louis ! Le bruit ! » répétait-il, encore tout ébahi.
Geoff n'est pas quelqu'un qui exagère et j'ai compris qu'il venait d'assister à un phénomène très puissant. Tous avaient l'air assez dubitatifs quant au comportement du *Polar Observer* face à une telle lame de glace. Depuis le début, j'affichais la même confiance : seule l'expérience apporterait les réponses.
Je viens de passer ma première journée de solitude et je me sens bien. Ma première tâche a été d'aménager l'intérieur pour le rendre fonctionnel et confortable. Je suis allé marcher aux alentours pour prendre la mesure du terrain. C'est amusant de voir comme les habitudes de progression sur la banquise ne m'ont pas quitté depuis l'expédition au Pôle de 1986. Tâter la glace du bout du bâton avant de poser le pied : le geste est revenu dès le premier pas comme un réflexe inné. Renouer avec la banquise est un vrai bonheur.

Samedi 20 avril 2002

Beau temps. Ciel bleu.
12 TU. N 89° 46 005.
E 54° 28 431.
V 5 NE.
T – 33 °C.
Wcf – 41 °C.
Hu 64 %.
P 1 006,3.

Après avoir effectué un tour complet du Pôle, le vent me ramène progressivement vers l'Europe. Je dois passer énormément
de temps dehors afin de mettre tout le matériel scientifique en bon état de marche, ce qui est usant. Il fait – 33 °C : ajouté au vent, cela équivaut à – 41 °C. La visserie reste le plus délicat, sans gants les doigts gèlent vite.
La fixation sur le toit de l'antenne Iridium, qui permet la communication à travers le monde, par le biais de satellites, m'a occupé une grande partie de l'après-midi ! La bonne nouvelle est qu'Iridium permet l'envoi de fichiers informatiques ; je vais pouvoir communiquer sans passer par le satellite UO22 qui me posait de sérieux problèmes d'apprentissage et de temps d'utilisation. Les filtres à pollen sont installés sur leur girouette, le fluxmètre enregistre le rayonnement ultraviolet et tous les paramètres météorologiques avec une grande précision.
En revanche, l'installation du photomètre demande une reprise en main totale.
Lynet, en bon chien groenlandais, dort dehors dans le vent, à côté de la niche ; ce matin, je l'ai même retrouvé *sur* la niche !
Dans la journée, deux petits oiseaux nous ont rendu une brève visite, deux bruants des neiges. D'où venaient-ils, où allaient-ils ? Où ces petites créatures trouvent-elles les ressources pour faire de si longs vols dans un froid aussi intense ? C'est inimaginable.

En haut : filtres à pollen sur leur girouette.
En bas : entretien de la station météo.

Dimanche 21 avril 2002

12 GMT.
N 89° 42 855.
E 48 36 456.
T – 29 °C.
V 8 NNW.
Wcf – 37 °C.
P 1 000,9.

Orientation du photomètre vers le soleil.

Lynet, chien polaire

L'idée d'emmener un chien a germé dans ma tête en abordant la liste des difficultés que je pouvais rencontrer. La visite d'un ours polaire était tout à fait envisageable, surtout en fin de dérive, plus au sud, où l'ouverture des chenaux d'eau libre allait permettre à quelques phoques de remonter vers le nord. L'ours se nourrit à 80 % de phoques et il suit de très près leur trajet. En quête permanente de nourriture, il use de sa puissance et saccage tout sur son passage pour arriver à ses fins. Il fallait donc installer une alarme pour me prévenir de sa présence avant qu'il ne ravage tout ; l'ours n'est pas un animal délicat. Il existe des clôtures spéciales munies d'explosifs qui éclatent comme les pétards pirates que l'on tire aux deux extrémités. Mais je sais qu'on se fait de grandes frayeurs avec ce matériel, car on les oublie régulièrement. Un chien me paraissait être une bonne solution, d'autant que je n'avais pas à me déplacer et que le poids de sa nourriture n'était pas un problème. Et puis j'adore ces chiens de traîneau avec lesquels j'ai traversé le Groenland et l'Antarctique.
J'ai demandé à Karl et Berit, qui nous avaient déjà prêté deux chiens pour l'hivernage au Spitzberg, s'ils avaient dans leur meute un compagnon à me confier pour ce voyage, et ils m'ont conseillé Lynet, un brave groenlandais.
Les groenlandais sont des chiens très rustiques, encore assez proches du loup, mais faciles à domestiquer quand ils ont assez à manger et qu'ils ne sont pas en compétition avec d'autres. Sinon, ils peuvent vite agir sans discernement et devenir violents.
Loin de sa meute et sans repère, Lynet a été assez perturbé au début, un peu paniqué par les transports en avion et en hélicoptère. Depuis qu'il a trouvé ses marques et qu'il a confiance en moi, c'est devenu un bon compagnon.

Ce matin, le moulinet de la bathysonde fonctionnait très bien, après une nuit au chaud. Mais une fois dehors, le frein s'est à nouveau bloqué. Je vais le poser toute la nuit sur le chauffage pour éliminer l'humidité qui pourrait être à l'intérieur.
Après une lecture assidue de la notice, je me suis ensuite « attaqué » au photomètre. Il m'a fallu quatre heures de travail méticuleux, dans un froid piquant, afin de bien l'installer, de le caler à niveau et d'entrer les paramètres électroniques pour la bonne mise en marche. J'attends demain 12 h GMT la récupération des données sur l'ordinateur, pour crier victoire ou appeler à l'aide.
Sur la liste des tâches de la journée, j'avais mentionné ce matin : essayer le fusil. Je gardais ce coup pour la fin, mais le coup n'est pas parti. Le chargeur s'est enrayé. Ce soir, je vais dormir avec le moulinet et le fusil.
Après le dîner, je suis allé promener Lynet sur la banquise, un vrai chien de traîneau qui n'a cessé de tirer sur la laisse, surtout en revenant vers le camp.
Il est minuit et le soleil brille ; il faut vraiment que je m'impose des horaires, car je me décale vers le soir, et en ce moment les matins sont plus pénibles.

LYNET

Lundi 22 avril 2002

Très belle journée ensoleillée. Ciel bleu.
12 TU.
N 89° 41 370.
E 42° 53 890.
T – 32 °C.
V 10 N.
Wcf – 41 °C.
P 1 002,7.

Les aurores boréales

La Terre est entourée par un champ magnétique, appelé la magnétosphère, dont la manifestation la plus visible est l'attraction de l'aiguille aimantée de la boussole.
Ce champ magnétique nous protège contre les rayonnements dangereux du Soleil, composés de protons, d'électrons et de particules hautement énergétiques, réunis dans ce que l'on appelle le « vent solaire ». Au niveau des pôles magnétiques Nord et Sud, le champ magnétique se concentre, formant un entonnoir appelé cornet polaire. Les particules solaires piégées dans ces cornets sont attirées vers la Terre et, en traversant la très haute atmosphère – entre 100 et 400 mètres d'altitude –, s'embrasent comme des étoiles filantes microscopiques. Certains jours d'activité intense du soleil, d'importants flux de particules sont piégés dans ces cornets et l'irradiation de l'ensemble apparaît sous forme de lumières diffuses, fugaces, appelées aurores boréales dans l'hémisphère nord et aurores australes dans l'hémisphère sud. La couleur de ces rideaux de lumière qui dansent dans la nuit vient de la nature des gaz traversés par les particules : jaune à vert pour l'oxygène, violet pour l'azote et rouge pour l'hydrogène.
Pendant les trois mois de dérive, je n'ai vu aucune aurore boréale pour la simple raison qu'il n'a jamais fait nuit.

Hier soir, à la vacation téléphonique, Elsa m'a transmis les résultats des élections présidentielles.
Le second tour opposera Chirac à Le Pen ! Un visage inattendu d'une France qui se recroqueville.
J'aurais bien aimé suivre cet événement sur RFI (Radio France International) mais je ne reçois rien sur aucune fréquence de 5 à 22 mégahertz ; il n'est pas rare, dans les régions polaires, que des orages magnétiques perturbent la propagation des ondes. Ce sont les périodes d'aurores boréales, que je ne peux voir car le jour est permanent.
Durant la traversée de l'Antarctique, nous avions connu une semaine entière de *black-out* radio, sans pouvoir émettre ni recevoir, à se demander si le poste n'était pas en panne.
Ce matin, je me suis acquitté de l'essai du fusil, un vieux Mauser que Karl m'a prêté en même temps que le chien.
Il a fonctionné cette fois, j'ai touché la cible à 50 mètres.
Le moulinet ne tourne toujours pas ; il va falloir le démonter entièrement pour éliminer toute trace de graisse : du travail d'horloger en perspective.
Bonne nouvelle : le photomètre fonctionne.
J'ai adressé les premiers résultats par satellite au LOA.
Lynet a entrepris un impressionnant chantier d'excavation sous sa niche ; je me demande ce qu'il cherche.

*Aurores boréales pendant l'hivernage de l'*Antarctica *au Spitzberg (1995-1996).*

Mardi 23 avril 2002

Encore une belle journée.
12 TU.
N 89° 40 103.
E 36° 39 650.
T – 32 °C.
V 10 NNE.
Wcf – 41 °C.
P 1 009,6.

Ce soir, après un dur travail de terrassier à la pelle, au pic à glace et à la tarière, je suis épuisé.
La banquise sur laquelle je suis installé fait 2,35 m d'épaisseur. C'est une plaque de glace solide, mais il faut rester vigilant. La banquise est une sorte de volcan froid, mû par des forces colossales auxquelles rien ne résiste.
Criquet m'a annoncé depuis la base de Barnéo que l'équipe russe, qui dérive jusqu'à la fin avril à quelques kilomètres de moi, est en difficulté à cause de la formation de chenaux d'eau et de crêtes de compression autour de son camp.
Aussi loin que je puisse voir du haut de ma tour d'observation, je n'aperçois que de la glace compacte au cœur d'un univers chaotique.
Le moulinet n'a plus de secret pour moi, je l'ai entièrement démonté et nettoyé de toute sa graisse.
Je pense que le frein à disque en carbone devait rester collé sur le disque en inox avec lequel il entre en friction. Vus de France, mes soucis de moulinet doivent vous paraître bien futiles, mais il est au centre de mes préoccupations.
Sans lui, je ne peux immerger la sonde océanographique à 800 mètres, comme je m'y étais engagé. J'espère parvenir à le « winteriser », comme disent les Québécois, c'est-à-dire à le faire fonctionner en conditions hivernales. Il a été conçu pour la pêche au gros sous les tropiques, il doit trouver la région bien inhospitalière.
Ce soir, je me suis fait un couscous avec une semoule aux raisins, noix de coco râpée et cubes d'ananas séchés : un délice !

Forage de la banquise jusqu' à l'eau pour mesurer son épaisseur.

La banquise

La banquise est la couche de glace qui se forme à la surface de la mer lorsqu'elle gèle.
En Europe, nous ne sommes pas familiarisés avec l'idée que l'océan si fort, si agité, puisse s'immobiliser sous l'effet du gel. Ce n'est pas une question de latitude. Nous devons cette clémence au courant chaud du Gulf Stream qui baigne nos côtes atlantiques.
Les Canadiens, à la même latitude, n'ont pas ce courant chaud et connaissent des hivers rigoureux.
Le sel abaisse le point de congélation de l'eau, si bien que la mer ne se prend en glace qu'à la température de – 1,8 °C. C'est l'embâcle, qui commence par des colonies de petits cristaux à la surface de l'eau (frazil), donnant à la mer un aspect visqueux. Avec le froid, la surface se densifie et se couvre d'une couche pâteuse, ondulée par l'amplitude de la houle.
Ces mouvements fragmentent

cette pâte malléable en une multitude de crêpes qui, se frottant les unes aux autres, s'épaississent sur les contours ; les Américains parlent de *pancakes* et les Russes de *blinis*. Avec le froid, cette couche se densifie, pèse sur la mer qui s'immobilise, tout se soude, et la surface se couvre d'une plaque de jeune glace homogène qui va progressivement s'épaissir avec l'avancée de l'hiver.
Il faut imaginer que la banquise est un manteau de glace dont se couvre la mer pour se protéger du froid ; plus la température descend, plus son épaisseur augmente, jusqu'à dépasser trois mètres après plusieurs années.
Le sel emprisonné dans la banquise est petit à petit éliminé dans l'eau sous-jacente qui voit sa salinité augmenter. C'est un phénomène important, à l'origine de la circulation des courants profonds de l'océan.

Mercredi 24 avril 2002

Temps voilé, laiteux, humide, froid.
On devine le halo du soleil.
12 GMT.
N 89° 35 805.
E 29° 28 940.
T – 22 °C.
V 20 N.
Wcf – 32 °C.
P 1 010,4.

Transmissions : l'inaccessibilité du Pôle

Un des objectifs de la « Mission Banquise » était de faire découvrir l'Arctique avec ses forces et ses fragilités, de faire comprendre le rôle du pôle Nord dans l'équilibre climatique du monde.
Je le sais pour l'avoir expérimenté au cours des expéditions précédentes, le suivi de l'actualité est un vecteur pédagogique très fort. Il était important de pouvoir alimenter quotidiennement le site Web avec le journal de bord et les photos de l'expédition.
Toutes les transmissions téléphoniques, les émissions de télévision en direct du monde entier passent par des satellites géostationnaires. On dit d'un satellite qu'il est géostationnaire quand il tourne dans l'espace tout en restant à la verticale d'un point – sa position par rapport à la Terre ne varie pas. Il est donc toujours accessible et sert de relais pour les transmissions. Ces orbites géostationnaires sont sur le plan de l'équateur à 36 000 kilomètres du centre de la Terre, distance qui représente à peu près trois fois son diamètre. Du fait de la trajectoire rectiligne des ondes, ces satellites sont inaccessibles dans un rayon de 1 300 kilomètres autour du pôle. La latitude maximale de réception est à environ 78° dans les deux hémisphères.
À défaut de pouvoir utiliser les satellites de communication classiques à orbite équatoriale, il fallait passer par des satellites à orbite polaire, bien qu'ils ne soient pas géostationnaires, c'est-à-dire qu'ils passent régulièrement au-dessus du pôle mais avec un temps de passage très court, environ huit minutes. Ce sont des satellites d'observation qui ne sont pas équipés pour les transmissions, à quelques rares exceptions près, comme les satellites des radioamateurs. Pour communiquer avec ces satellites, il faut non seulement avoir son propre émetteur, mais aussi parvenir à viser

Le trou que j'avais ouvert hier, avec l'espoir d'y descendre la bathysonde, est recouvert de 20 centimètres de glace dure. Je l'avais pourtant couvert avec un isolant – les pêcheurs russes utilisent des peaux de renne.
Après dix minutes au pic à glace, je suis allé chercher la tronçonneuse : en quatre traits de scie, le trou était fait...
Même sanction qu'hier, le moulinet est bloqué ; je ne vous reparlerai de la bathysonde que le jour des premiers résultats – je ne baisse pas les bras.
Épreuve intellectuelle de l'après-midi : décrypter le fonctionnement d'un appareil photo numérique, faire de chaque image un fichier informatique et l'envoyer par les satellites Iridium. Je n'aurais jamais cru pouvoir y arriver, car je n'ai aucun atome crochu avec le langage et la pratique de l'informatique.
Même en suivant les instructions à la lettre, il m'a fallu deux heures pour un exercice qui aurait demandé dix minutes à un enfant. Les manuels d'utilisation sont souvent écrits par des personnes qui connaissent trop bien le sujet et ne mentionnent pas des évidences qui échappent au béotien. Ces photos vont illustrer le site Web.
Le vent est monté dans la journée, il souffle ce soir à 30 km/h dans les rafales. Ce vent du nord a accéléré ma dérive puisque j'ai parcouru près de 10 kilomètres en tenant compte de mon déplacement en longitude.
Une sorte de voyage immobile, car rien dans le décor n'a changé.

le satellite avec une antenne mobile pendant toute la durée de l'émission. J'avais confié à Serge Nègre le soin de mettre au point ce système efficace mais qui m'inquiétait beaucoup, car je n'avais ni la disponibilité ni la dévotion des radioamateurs pour la chose.

La solution est venue de la résurrection d'Iridium, un système américain couvrant la Terre à l'aide de 64 satellites qui se relaient pour emmener la communication à destination. Cet équipement était voué à la destruction après la faillite de son exploitation par Motorola. Mais, fort heureusement, le gouvernement américain a décidé de le remettre en service quelques mois avant le départ de l'expédition, ce qui m'a permis de communiquer facilement avec Radio France et d'envoyer des informations et des images sur le site Web.

Le chauffage au gaz naturel

Il devait assurer un confort minimal, c'est-à-dire maintenir dans l'habitacle une température moyenne de 15 °C quinze heures par jour, puisque l'on peut très bien se passer de chauffage durant les heures de sommeil, dans le sac de couchage.

• Le choix du combustible
J'avais le choix entre deux combustibles, le fioul ou le gaz. Je savais par ailleurs qu'il me fallait de l'essence pour la tronçonneuse à glace et le groupe électrogène de secours. En expédition, on essaie toujours de limiter le nombre de combustibles pour faciliter la logistique. J'étais réservé sur l'utilisation du fioul, non seulement à cause de l'odeur mais parce que je ne voulais pas noircir la banquise. L'usage du gaz est bien plus commode ; je craignais seulement quelques problèmes de gel au début de l'expédition puisque la température pouvait descendre à – 35 °C, et que le propane gèle à – 44 °C.
Avec Jacques Labeyrie, le directeur de la recherche de l'ADEME, nous avons posé le problème au centre de recherche de Gaz de France qui, après quelques essais en congélateur, nous a apporté la solution : le gaz naturel, c'est-à-dire du méthane dans des bouteilles à haute pression.

Le bilan thermique

Afin d'optimiser les besoins, il faut réaliser un bilan thermique, autrement dit comparer les apports et les pertes de chaleur.

Les apports

Les thermiciens ont pris en compte les différentes productions de chaleur en plus du chauffage :

• Mon propre dégagement calorique : le corps humain a une température de 37 °C ; il diffuse de la chaleur – on s'en aperçoit quand on est nombreux dans une pièce fermée –, estimée à 80 watts pendant le sommeil et à 150 watts pour une activité modérée.

• L'ordinateur : 60 watts pendant 6 heures, soit la chaleur que dégage une ampoule électrique de même puissance. Ces deux apports ne sont pas négligeables dans un petit habitacle confiné de 9 m^3.

• Autre source de chaleur, et non des moindres : le soleil, présent vingt-quatre heures par jour durant la saison d'été. Pour le capter, l'extérieur de la capsule a été peint en noir, et des hublots de 30 x 30 centimètres ont été ouverts sur chaque face.

Les pertes

Elles sont surtout liées à la conduction des parois et à l'ouverture de la porte. Nous nous sommes fondés sur les températures moyennes suivantes : – 25 °C en avril, – 15 °C en mai, – 5 °C en juin. Pour maintenir une température de 15 °C à l'intérieur, nous avons opté pour une mousse isolante de 15 centimètres d'épaisseur. Pour limiter les pertes de chaleur par la porte, elle s'ouvre dans un sas en toile tendue sur des armatures métalliques. Ce sas sert aussi de lieu de stockage pour la nourriture.

Les réserves de gaz naturel

C'est toujours délicat d'optimiser les besoins quand il n'y a aucune possibilité de corriger le tir en cas d'erreur. Je suis parti avec trois bouteilles dans les soutes. Ce ne sont pas les classiques bouteilles de gaz de pétrole liquéfié (butane ou propane), mais des réservoirs en carbone de 1,5 mètre de long sur 40 centimètres de diamètre, dans lesquels le gaz naturel est comprimé à 250 bars, les mêmes qui équipent les bus de transport urbain.

Jeudi 25 avril 2002

Beau temps clair à partir de midi.
12 TU.
N 89° 28 840.
E 19° 20 770.
T - 21 °C.
V 15-20 NNE.
P 1 014.

Dès le réveil, avant même de sortir du sac de couchage, je devine la force et la direction du vent à son chant, à travers les cheminées plantées sur le toit.
Il vient du nord et me pousse suivant la bonne trajectoire.
Le temps gris et glacial ne m'encourageait pas à sortir : j'ai passé une bonne partie de la journée à installer quelques affaires personnelles (photos, livres, musique), pour arrondir les angles et transformer cet intérieur technologique en un refuge douillet. Je commence à me sentir bien dans ma « cabane » polaire.
Ce soir, le ciel est à nouveau pur, bleu nuit au zénith, mais l'obscurité ne viendra pas. L'infinité du jour me pousse à l'hyperactivité quotidienne. Il est presque une heure du matin et je n'ai pas sommeil.
Il faut absolument que je m'impose un rythme, sinon je vais me fatiguer prématurément.

Vendredi 26 avril 2002

Très beau temps
12 GMT.
N 89° 24 050.
E 14° 25 690.
T – 23 °C.
V 8 NE.
Wcf – 30°.
P 10 25,5.

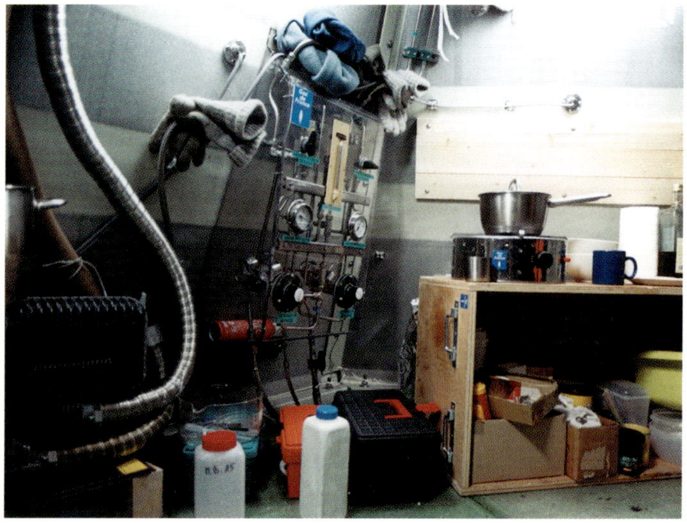

Depuis ce matin, à l'abri du vent, un climat printanier règne sur la banquise. Le soleil entre généreusement par les hublots du *Polar Observer* ; il y faisait + 9 °C avant que je ne remette le chauffage, éteint pour la nuit. L'effet de serre fonctionne dans cet habitacle très bien isolé.
Pour les besoins en électricité, je suis aussi très bien servi par le soleil. Cet après-midi, l'intensité de charge a atteint un niveau record de 8,7.
Les dix panneaux solaires répartis tout autour reçoivent les rayonnements directs et réfléchis, très intenses sur la neige. La production électrique étant en excédent, l'alarme de surcharge des batteries sonne régulièrement. Je ne fais tourner la pile à combustible qu'un minimum tous les jours. Contrairement aux prédictions, elle me sera plus utile dans quelques semaines, lorsque la banquise commencera à se fracturer, produisant ainsi beaucoup de vapeur.
À une température de – 1,8 °C, l'eau de mer est en moyenne plus chaude que l'air. Dans un mois, la nébulosité va s'accroître, diminuant d'autant l'efficacité du soleil.
Pour le moment, il brille et c'est bien agréable.

L'électricité : solaire et hydrogène

Les besoins électriques

Les besoins électriques devaient satisfaire au fonctionnement d'une série d'appareils :

- un ordinateur portable de 60 watts utilisé huit heures par jour pour la saisie des mesures des appareils scientifiques, les courriers électroniques quotidiens (textes et photos), et l'écriture ;
- un fluxmètre (60 watts) qui mesure en continu le rayonnement solaire ;
- les chargeurs de batterie (caméra, appareil photo), l'imprimante, la station météo, et le récepteur radio.

Les sources d'électricité retenues

L'énergie solaire

Même si le soleil est bas dans la région du pôle Nord, il est présent en permanence tous les jours du printemps et de l'été. De plus, le rayonnement réfléchi sur la neige s'ajoute au rayonnement direct. Les cinq faces de la capsule (la sixième étant l'ouverture de la porte) sont chacune couvertes par deux panneaux de 75 watts, inclinés à 15° suivant les parois du *Polar Observer*. Cette inclinaison correspond à la valeur moyenne de la hauteur du soleil durant l'expédition, celui-ci culminant le 21 juin à 23° 27'sur l'horizon.

La pile à combustible

La pile à combustible (PAC) est une génératrice qui consomme de l'hydrogène et de l'air. Son principe repose sur la réaction classique que l'on apprend dans les premiers cours de sciences naturelles ou de chimie : hydrogène + oxygène donne eau + énergie.
Les PAC fournissent l'électricité des navettes spatiales et l'eau qu'elles produisent est consommée par les astronautes. Celle qui est installée à bord du *Polar Observer* est un prototype de la société Axane. D'un maniement très facile, on peut la mettre en route ou l'arrêter à la demande. Le réservoir est une bouteille du même type que celles à gaz, où l'hydrogène est comprimé à 300 bars. Elle a pris place dans la soute.

Démarrage de la pile à combustible.

Samedi 27 avril 2002

Très beau temps.
12 TU.
N 89° 21 300.
E 13° 49 490.
T – 23°.
V nul.
P 1 032,8.

Ce matin, en direction du nord, l'horizon était double : un mirage ! Je me souviens de la première fois que j'en ai aperçu un, c'était au cours de ma marche en solitaire vers le Pôle. J'ai d'abord cru que l'horizon était barré par des murailles de glace infranchissables.
On les voit les jours de beau temps, lorsqu'il n'y a pas de vent et que la couche d'air au ras du sol réfléchit la surface de la banquise.
Ce temps printanier était propice à l'exploration de la vie sous la banquise. J'ai installé sur le grand trépied le filet à plancton, et je me suis attaqué à la glace pour faire un trou de 1 mètre de côté. Si je répète l'opération deux à trois fois par semaine, je vais revenir avec des bras et des épaules de marin.
Ce soir, en l'absence totale de vent, dans le silence absolu, j'ai entendu travailler la banquise : un mélange sonore de grincements stridents, parfois rauques, entrecoupés de craquements en rafales.
C'était impressionnant.

Océanographie sur la banquise

La glace est un matériau extrêmement dur et j'avais à faire trois trous de tailles différentes : le plus petit, de 15 centimètres de diamètre, servant à mesurer l'épaisseur de la banquise, un autre de 30 centimètres de diamètre pour faire passer la bathysonde, et un dernier plus grand, de 1 mètre de côté, pour le filet à plancton.
Pour forer le plus étroit, j'ai utilisé une tarière. Tourner cet outil dans la glace vive sur 2,35 m de profondeur est une épreuve physique qui devient plus aisée avec la maîtrise du geste et du matériau.
Pour les deux autres trous, j'avais la chance d'habiter à cent mètres d'un chenal fraîchement regelé. Quand je suis arrivé à la mi-avril, la glace ne dépassait pas 60 centimètres d'épaisseur, une banquise assez jeune qui cédait assez facilement à coups de pic à glace, sorte de barre à mine qui fait son poids. Le trou de 30 centimètres n'a pas posé de problème, une question de persévérance.
En revanche, quand j'ai entrepris le grand trou, une dizaine de jours après, la banquise s'était épaissie et avait durci. Il n'était plus question de pic et de pelle mais de tronçonneuse.
La classique tronçonneuse de bûcheron, avec sa chaîne normale, est un outil parfaitement adapté à la glace.
La méthode consiste à faire un quadrillage en profondeur, les blocs se coupant ensuite comme des cubes à chaque coup de pic. La difficulté vient du fond car, dès qu'on le traverse, l'eau monte immédiatement et remplit très vite le trou. Il faut donc terminer doucement, jusqu'à laisser une fine couche de glace que l'on brise au pic dès qu'on est envahi par l'eau.
Pour ce chantier, il est préférable de s'équiper avec des vêtements de mer. Une fois cette étape achevée, il faut couvrir le trou avec de l'isolant, une planche ou une peau de renne, avec de la neige par-dessus. Malgré cela, il faut à chaque fois traverser la glace qui se reforme très rapidement. À partir de la mi-mai, la clémence des températures rend le travail plus facile.

Page ci-contre en haut : mirage sur la banquise.

Dimanche 28 avril 2002

Ciel voilé.
12 GMT.
N 89° 21 169.
E 13° 23 117.
T – 21 °C.
V 10 SE.
Wcf – 29 °C.
P 1 027.

Ma chère Elsa,

Ici aussi c'est dimanche, et il ne fait pas beau.
Je suis sorti ce matin pour mesurer l'épaisseur de la glace : 2,35 m, rien n'a changé. Sur ma feuille de route, Pierre avait estimé le temps de réalisation de cette tâche à quinze minutes ; il faut une bonne heure à la tarière.
L'océanographie va remodeler mon torse de marin.
Au menu de ce midi, un plat de coquilles Saint-Jacques aux cèpes arrosé d'un filet d'huile d'olive : délicieux.
Ce supplément méditerranéen fait du bien à l'ensemble du corps.
Cet après-midi, je suis resté au chaud et – tu ne vas pas y croire – j'ai appris à retoucher les photos numériques pour alléger l'envoi des fichiers par Iridium. Je sais même travailler les contrastes avec Photoshop, tu imagines !
Je ne pensais jamais m'intéresser à cela, mais, la nécessité aidant, c'est devenu un jeu. Je vais t'envoyer le petit album de ma vie sur la banquise.
Le vent souffle du sud mais je le prends comme il vient.
Avec petit Elliot, vous voyagez bien au chaud dans mon cœur.

Tendrement,
Jean-Louis.

Page ci-contre :
mesure de l' épaisseur de la banquise à la toise : 2,35 mètres.

Le froid polaire

Il fait froid dans les régions polaires pour deux raisons : d'une part l'ensoleillement y est plus faible en durée et en intensité, et d'autre part, quand le soleil est de retour, la glace renvoie ses rayons vers l'atmosphère par un phénomène de miroir (albédo), si bien qu'ils ont un effet très limité.

Au pôle Nord géographique, sur l'axe de rotation de la Terre, le soleil ne se lève qu'une fois par an, le 21 mars, jour du printemps, mais pour une période de six mois.

Pendant le premier trimestre, il monte en spirale sur l'horizon jusqu'au 21 juin, le jour de l'été, et il redescend progressivement jusqu'à disparaître sous l'horizon le 23 septembre. Alors commence un long hiver de six mois sans soleil.

Pendant ces six mois d'obscurité, tout l'Arctique, et pas seulement le pôle, fait le plein de froid. Sur la mer, la banquise s'épaissit ; sur les terres, le sol gèle en profondeur et se recouvre de neige.

Au printemps, les premiers rayons de soleil sont très rasants et leur chaleur est à peine perceptible. Il faut attendre le mois de mai pour en percevoir les premiers effets. Sur la terre, la neige fond, le sol apparaît au grand jour et capte le rayonnement solaire. La couche en surface se ramollit sur quelques centimètres, jusqu'au pergélisol (sol gelé en permanence).

La vie végétale et animale s'active car la belle saison est courte. Tout autour de l'océan Arctique, les côtes se libèrent de la glace, la vie planctonique sort de sa léthargie hivernale et, avec elle, c'est toute la vie marine qui renaît. Sur l'océan, la température se réchauffe jusqu'à atteindre des valeurs positives, la neige qui recouvre la glace fond, les chenaux d'eau se multiplient, mais la banquise demeure majoritaire. Grâce à sa surface réfléchissante, elle garde le froid du pôle Nord, indispensable à la stabilité climatique de la Terre.

En un demi-siècle, elle a perdu 6 % de sa surface et 40 % de son épaisseur. Si elle se réduisait trop, nous pourrions assister à un rapide changement climatique dans l'hémisphère nord.

Très beau temps.
12 GMT.
N 89° 21 754.
E 12° 12 175.
T – 21 °C.
V nul.
P 1 021,1.

On sait peu de chose sur la vie dans le Bassin arctique, surtout à cette période de l'année, et j'étais impatient. Quand le filet à plancton a émergé de sa plongée à 150 mètres, j'ai eu l'agréable surprise de découvrir une centaine d'animalcules au fond du collecteur. Des copépodes, du krill et autre minuscule zooplancton que je n'ai pas identifié : un petit monde bien vivant, animé de mouvements rapides d'un bord à l'autre du récipient, surpris d'être aussi brutalement exposé à la lumière.
J'ai passé du temps à observer à la loupe la transparence de leurs organes, le mouvement de leurs membres et de leurs antennes graciles, stupéfiantes de précision. La présence de ces organismes vivants au cœur de ce désert de glace m'a beaucoup touché. Quand la vie est rare, la moindre trace devient magique, et l'on se surprend à s'extasier devantune poignée d'« insectes de mer ».
Comment tout cela est-il apparu ?
Ces petits organismes qui constituent le zooplancton (plancton animal) se nourrissent de minuscules végétaux accrochés à la glace ou en suspension dans l'eau. Ils sont à l'origine de la vie dans l'océan Arctique.

Océanographie biologique

Il faut que je vous explique comment, avec des moyens rudimentaires, on peut faire de l'océanographie biologique, c'est-à-dire étudier la vie sous la banquise.
Faire dans la glace un trou de 1 mètre de côté (tronçonneuse, pic et pelle).
À la verticale du trou, placer le sommet d'un trépied fait de trois poteaux en bois reliés par une corde. Y suspendre une poulie et passer dans la gorge une cordelette à dérouler jusqu'au bout (150 mètres).
En fixer l'extrémité distante avec une broche à glace et revenir au trou. Accrocher le filet à plancton et son lest de 5 kilogrammes au bout de la corde, sous la poulie, et immerger le tout. La cordelette se tend sous le poids. Revenir à l'extrémité de celle-ci, se l'accrocher à la ceinture et marcher lentement vers le trou, à la vitesse de descente du filet. Arrivé au trépied, le filet est suspendu en bout de corde à 150 mètres sous la surface. C'est le moment de la remontée. Faire demi-tour et tirer, les épaules en avant, arc-bouté comme un cheval de trait, jusqu'à la broche à glace où vous attachez la cordelette (attention qu'elle ne vous échappe pas). En vous retournant, vous apercevez à l'horizon le filet suspendu sous le trépied. La marche de retour paraît fort légère et permet de gamberger sur la moisson. On ne sait pas grand-chose sur la vie dans cet océan, alors on peut tout imaginer.

Mardi 30 avril 2002

Encore une belle journée.
12 GMT.
N 89° 19 426.
E 11° 21 009.
T – 21 °C.
V 15 N.
Wcf – 29 °C.
P 1 021,6.

Le vent du nord s'est levé dans la matinée, et le froid est devenu plus pénétrant, plus glacial. Le vent n'abaisse pas la température, il accélère le refroidissement du corps et j'y suis en ce moment plus sensible. La fatigue des mois qui ont précédé le départ, ajoutée à ces trois semaines intenses sur la banquise, se fait sentir. Malgré le beau temps, j'ai décidé de passer la journée à l'intérieur : écriture, comptes rendus, classement de dossiers, notamment des photos pour Robert Ezraty du département d'océanographie spatiale de l'IFREMER (Institut français de recherche pour l'exploitation de la mer) à Brest.
Il m'a demandé de photographier régulièrement la banquise du haut du mât, aux quatre points cardinaux. L'objectif est de suivre *in situ* l'évolution de sa surface et de comparer ces résultats à ceux obtenus à partir des satellites d'observation de la Terre : on a toujours besoin d'observateurs de terrain pour étalonner ou valider les mesures satellitaires.
Ce soir, le vent du nord a fraîchi ; il souffle à 25 km/h.
La dérive se poursuit dans le bon sens.

L'homme au froid

La thermorégulation

L'homme est un animal à sang chaud dont la température doit invariablement rester à 37 °C. Les écarts permis par l'organisme sont très faibles : à 38 °C, on parle de fièvre et à 36°, on est en hypothermie, dans un état léthargique. Pour affronter le froid, il n'y a pas de secret, sinon se couvrir pour emprisonner la chaleur du corps et se mettre à l'abri du vent. Certaines zones sont à couvrir avec attention, là où les gros vaisseaux circulent sous la peau, à l'origine d'importantes pertes caloriques : le cou, qui est longé par les artères carotides et les veines jugulaires, les genoux, les poignets, le crâne pour les chauves. Les laisser à l'air libre, c'est comme mettre des radiateurs dehors et gaspiller son chauffage. À l'inverse, pour se réchauffer les pieds, le meilleur emplacement pour la bouillotte est au carrefour des gros vaisseaux, sur le bas du ventre ou entre les cuisses.

Dès que l'organisme commence à ressentir le froid, il modifie la circulation du sang en réduisant d'abord le débit sanguin des extrémités, les mains et les pieds. L'objectif est de conserver la chaleur pour les organes vitaux de l'abdomen, du thorax, et pour le cerveau. Ce « sacrifice de la périphérie » peut entraîner à l'extrême la formation de gelures et la perte des doigts et des orteils, ce qui arrive parfois aux alpinistes bloqués en haute montagne.

Les vêtements contre le froid

Le meilleur isolant c'est l'air, l'air immobile dans la fourrure d'un chien, dans le duvet de l'oiseau. En hiver, à l'image du rouge-gorge qui gonfle ses plumes pour immobiliser davantage d'air autour de son corps, nous devons gonfler notre enveloppe de vêtements. Les doudounes nous protègent du froid grâce au volume de duvet ou de fibres synthétiques dont elles sont faites.
Les fourrures polaires et la laine sont efficaces par leur capacité à contenir de l'air.

La solution contre le froid est donc de porter des couches de vêtements amples qui créent un volume tampon entre la chaleur du corps et l'air ambiant.
Il est très important que la dernière couche soit imperméable au vent pour éviter d'être traversée par ce voleur de calories. Le vent est l'ennemi des corps chauds : une température de – 2 °C avec un vent à 15 km/h équivaut à un froid de – 7 °C, c'est ce qu'on appelle en anglais le *wind chill factor*.
Cette règle de volume protecteur s'applique aussi aux chaussures : on a plus chaud aux pieds en étant à l'aise avec une paire de chaussettes dans de grandes chaussures, que serré par trois paires de chaussettes dans des chaussures à sa taille.

Fibres naturelles ou synthétiques ?

Leur différence vient surtout de leur réaction à l'eau : l'eau de pluie, l'humidité et la transpiration. Le coton est une fibre hydrophile qui aime l'eau et qui va non seulement perdre son pouvoir isolant à son contact, mais mettre beaucoup de temps à sécher. La laine est bien plus imperméable, surtout la laine brute qui conserve son pouvoir isolant. Les doudounes et les sacs de couchage en duvet sont très chauds et très légers à condition de les garder au sec ; avec l'humidité, le duvet a tendance à s'agglutiner, perdant ainsi sa capacité volumique. Les fibres synthétiques sont hydrophobes, l'eau ruisselle à la surface et n'altère pas leur élasticité ni leur capacité à faire du volume ; le phénomène sera le même pour les sous-vêtements en textiles synthétiques.
Le choix entre ces fibres est une question d'usage ; tant qu'il est possible de les garder au sec, mieux vaut préférer les fibres naturelles.

Une tâche quotidienne : monter sur le toit pour éliminer la glace des conduits d' aération.

Mercredi 1er mai 2002

Temps gris couvert sur l'ensemble du ciel. Pas de halo au soleil.
12 TU.
N 89° 13 701.
E 11° 36 484.
T – 16 °C.
V 15-20 N.
Hu 78 %.
P 1 021.

Ce matin, j'ai capté une radio russe qui diffusait cet air que nous avions chanté, Victor Boyarsky et moi, le 1er mai 1988, quand nous traversions le Groenland : « Il est revenu le temps du muguet... » Nous avions tous eu des frissons d'émotion sur la calotte glaciaire. Chaque fois que j'entends cette chanson, je pense à Victor, ce personnage inoubliable, gai, généreux, poète.

Nous nous sommes rapidement croisés ici à Barnéo, le temps d'une chaleureuse embrassade ; il accompagnait un petit groupe de randonneurs qui s'offraient le dernier degré de latitude jusqu'au pôle Nord. On ne se voit pas souvent, mais nos rencontres sont si spontanées qu'on a toujours l'impression de s'être quittés la veille. J'ai demandé à Elsa qu'elle le fasse embarquer sur le brise-glace qui viendra me chercher à la fin de l'expédition : il a pour lui l'expérience et il parle anglais, ce sera un bon trait d'union avec l'équipage du bateau.

Cet après-midi, je me suis attelé à l'entretien du cœur de la pile à combustible, guidé au téléphone par Frédéric Touvard, d'Axane. Une intervention de deux heures, à mi-chemin entre la chirurgie et la mécanique de précision : j'étais tellement concentré et tendu que j'en ai mouillé le T-shirt. Au moment où la pile est repartie, tous les voyants se sont mis au vert : « nominal » comme disent les ingénieurs, quel moment de bonheur !

Le blizzard souffle ce soir à 30 km/h. Il joue de l'orgue avec les cheminées d'évacuation et les prises d'air du *Polar Observer*. Bien au chaud, je vais pouvoir dormir tranquille.

Rencontre avec Victor Boyarsky à la base de Barnéo.

Jeudi 2 mai 2002

Beau temps ce matin, gris à couvert dans la soirée.
12 GMT.
N 89° 09 680.
E 08° 48 257.
T – 19 °C.
V 15 NNE.
Hu 74 %.
P 1 024,7.

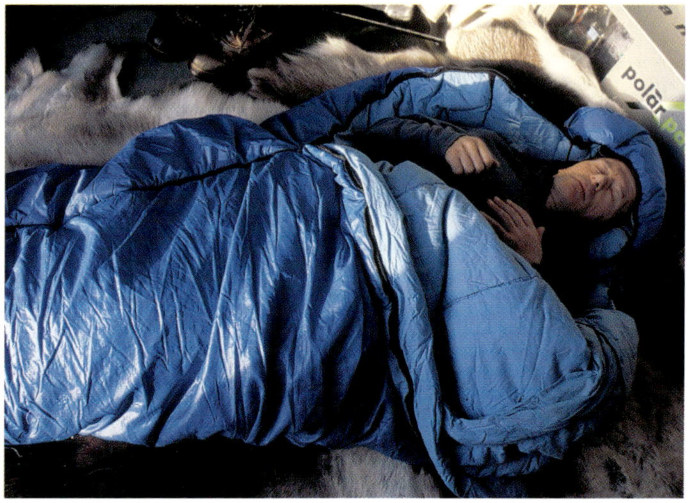

Le filet à plancton

C'est un très fin tamis conique de 3 mètres de long, une sorte de manche à air qui se termine par un collecteur où s'accumule le plancton, piégé durant la remontée du filet. Comme je n'ai pas de treuil assez puissant, je descends le filet à l'aide d'une cordelette longue de 150 mètres qui passe dans la gorge de la poulie accrochée sous le trépied et, pour la remontée, je m'éloigne du trou en marchant sur la banquise, arc-bouté vers l'avant, en tirant l'extrémité de la corde accrochée à ma ceinture. La remontée est assez physique car le filtre est microscopique, et un lest de 5 kilogrammes est accroché sous le filet pour permettre la descente. Parvenu au bout des 150 mètres de corde, je suis arrêté par le filet en butée sous la poulie du trépied. Je bloque la cordelette avec le pic à neige et reviens sur mes pas pour recueillir la moisson.

Quel soulagement, j'ai enfin trouvé la solution pour débloquer le moulinet : un petit coup de marteau sur le tambour pour le décoller du frein. J'ai fait descendre la bathysonde à 250 mètres, et les courbes enregistrées ont été envoyées ce soir à Dominique Taillez, de l'Observatoire océanographique de Villefranche. Je peux maintenant m'essayer à de plus profondes immersions.
En revanche, la remontée du filet à plancton s'est moins bien passée. En ouvrant le collecteur sur la bassine, rien ne s'est écoulé. J'ai donné quelques coups sur le fond pour débloquer le bouchon de glace qui l'obstruait et la bassine s'est fendue. Les matières plastiques en PVC sont fragiles à basse température.
Je suis revenu au *Polar Observer* pour recoller les morceaux, c'est la seule que j'ai.
Lynet devient de plus en plus familier et joueur. Mais de toute évidence, il s'interroge sur ce que je fais.
Cet après-midi, il était tout éberlué de me voir tirer sur la corde comme une bête de trait pour remonter le filet.
Il s'est peut-être dit que je lui avais pris son boulot.

Ma chère Elsa,

Il est déjà minuit et le soleil est revenu. Je pense très souvent à toi et je te trouve très courageuse de t'occuper si bien d'Elliot, « ce petit sucre » comme tu dis, et du suivi de l'expédition, que tu as très bien pris en main. Certaines journées doivent te paraître bien longues.
Comme tous les soirs, je vais dérouler mon matelas sur le plancher et me glisser dans le sac de couchage. C'est vraiment la seule chose pour laquelle je me suis entraîné dans la chambre d'Elliot, pendant ses trois premiers mois.

Prends soin de toi. Avec tout mon amour,
Jean-Louis.

Le photomètre détecte les aérosols

Le photomètre solaire est un instrument de télédétection des aérosols de l'atmosphère. Les aérosols sont des particules microscopiques en suspension dans l'air. Dans le langage courant, le mot « aérosol » désigne la bombe aérosol utilisée pour pulvériser les produits cosmétiques, déodorants, insecticides, etc. Ces bombes ont été décriées car les gaz propulseurs sont constitués de ces fameux chlorofluorocarbones (CFC) qui détruisent la couche d'ozone. Depuis le protocole de Montréal interdisant les CFC, les gaz propulseurs ont été modifiés.
On trouve dans l'atmosphère toutes sortes d'aérosols, dont certains sont produits par les activités humaines.
Ce sont des particules mesurant entre 1/100e de micron et 100 microns, constituant ce que les scientifiques appellent la « soupe » atmosphérique, composée de produits de toutes origines : brouillards industriels, fumée de tabac, cristaux de sel marin, virus, bactéries, argile, poussières de calcaire, sable, cendres… Le photomètre analyse l'incidence de ces particules sur la lumière du soleil, permettant ainsi de les caractériser et d'en mesurer la quantité.
Un réseau de 165 photomètres automatiques, auquel appartient le LOA-CNRS de Lille, permet de suivre l'état du ciel en temps réel. La « Mission Banquise » est l'occasion de ramener des mesures encore jamais réalisées sous ces latitudes.

Vendredi 3 mai 2002

Gris ce matin, passages neigeux à la mi-journée et beau le soir.
12 TU.
N 89° 05 001.
E 06° 30 130.
T – 16°.
V 6 N.
Hu 78 %.
P 1 020,2.

Hier soir, j'ai reçu un message du LOA de Lille, m'indiquant que les mesures du photomètre étaient inexploitables. C'est un appareil qui doit être bien réglé (à la seconde) en temps universel, à la bonne position GPS et parfaitement de niveau (à vérifier au niveau à bulle). Ces paramètres doivent être fréquemment surveillés car la neige de surface n'est pas stable (il faut sans cesse refaire les niveaux) et la banquise dérive (la nouvelle position GPS est à introduire régulièrement). Je fais ce travail consciencieusement depuis le départ, mais je n'avais pas pris en compte la rotation progressive, de 30° vers l'est, de la plaque sur laquelle je suis installé. C'est la raison pour laquelle le photomètre avait perdu le soleil.

En raison de cette rotation, le sud du *Polar Observer* s'est aussi déplacé, ce qui explique pourquoi moi non plus je n'avais plus mes repères par rapport au soleil.

Il y a de quoi perdre le nord...

À midi, heure solaire de ma longitude (12 h 30 GMT et 14 h 30 en France), j'ai repéré le nouveau sud de ma « maison » et recalé le photomètre dans la bonne direction. J'attends des nouvelles du LOA.

Samedi 4 et dimanche 5 mai 2002

Journées ventées, neige, blizzard.
12 GMT.
N 88° 55 522.
E 08° 28 041.
V 35 NW.
T – 12 °C.
Wcf 24 °C.
P 1 012,8.

Il y a un mois, le 4 avril, je quittais la France.
Une semaine après, le 11 avril, le *Polar Observer* était déposé au pôle Nord : une prouesse technique que l'on doit au CRITT, qui avait très bien préparé le travail d'assemblage, et à toute l'équipe qui, malgré la température glaciale, a rattrapé les trois jours d'attente à Longyearbyen.
Durant ces trois premières semaines de dérive, j'ai mis tout le programme en route, un chantier que j'avais sous-estimé : une alternance d'efforts physiques et de travaux minutieux à réaliser dans le froid, avec la crainte d'endommager le matériel ou de perdre par une fausse manœuvre un programme informatisé.
Il faut tout faire soi-même avec sa tête, ses dix doigts et ce qui est sur place. Tous les programmes tournent bien maintenant.
Un vent du nord assez fort m'a fait franchir un nouveau parallèle. En trois semaines, j'ai parcouru un degré de latitude, 110 kilomètres, à la moyenne de 5 km par jour.
Je suis dans les temps. La banquise est restée clémente, compacte, elle m'a laissé travailler tranquillement pendant cette période de rodage. Dans les prochaines semaines, il faut s'attendre à des changements.

SERVER

Lundi 6 mai 2002

Très belle journée sans vent.
12 TU.
N 88° 50 442.
E 07° 13 989.
V 5 ESE.
T – 15 °C.
Wcf – 18 °C.
P 1 017,4.

Ce fut une belle journée ensoleillée et sans vent. Sans chauffage, la température oscillait entre 17 et 21 °C à l'intérieur du *Polar Observer*, pour un – 15 °C dehors, ce qui est très performant. Hier, en revanche, avec un vent fort et un ciel couvert, j'étais bien content d'avoir le chauffage au gaz naturel. Je ne suis pas loin d'avoir fini le contenu de la première bouteille. Il m'en reste encore deux.
Maintenant que je maîtrise le moulinet, la main droite sur le frein, le marteau dans la gauche pour le débloquer, j'ai descendu la bathysonde à 500 mètres. La remontée (entre 1 300 et 1 400 tours de manivelle) s'est faite régulièrement d'une seule traite, car l'appareil enregistre les données toutes les demi-secondes ; une belle épreuve pour les bras.
Je suis assez confiant pour la remontée de 800 mètres.
Je vais y aller progressivement.

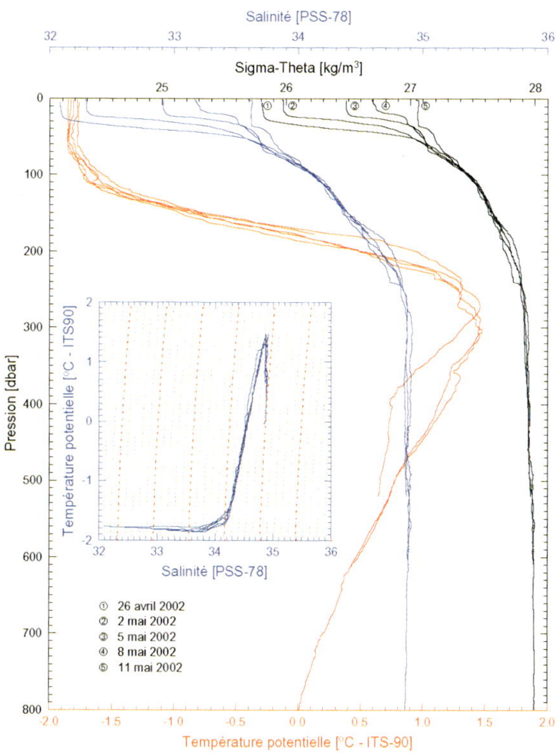

La bathysonde

L'océan n'est pas constitué d'une immensité homogène, mais de strates de différents courants bien individualisés. Au large de Brest en Bretagne, l'océan Atlantique est composé de masses d'eau superposées qui n'ont pas les mêmes origines et qui peuvent se déplacer à contresens.
On trouve, selon la profondeur, des eaux qui remontent du pôle Sud, des eaux qui viennent de l'océan Arctique, une couche intermédiaire d'eaux méditerranéennes et le courant du Gulf Stream en surface. Chacune de ces couches d'eau est identifiée par deux paramètres, la température et la salinité.
L'objectif de cette mission était d'établir la fiche d'identité de la colonne d'eau sur laquelle je me déplacerais. Dominique Taillez, de l'observatoire du CNRS à Villefranche-sur-Mer, a mis à ma disposition une bathysonde du type que les océanographes appellent couramment CTD, de l'abréviation des mots anglais *conductivity* (dont on déduit la salinité), *temperature* et *depth* (profondeur).
L'électronique de la bathysonde est logée dans un cylindre métallique étanche capable d'encaisser la pression jusqu'à 6 000 mètres de profondeur. C'est un instrument autonome, qu'il suffit de mettre en marche avant l'immersion.
Après la mesure, on transfère les données acquises pendant la plongée sur un ordinateur et les courbes s'affichent sur l'écran. Il y a seulement deux décennies, les océanographes descendaient des bouteilles de Nansen – du nom de l'explorateur norvégien qui les a mises au point pendant la dérive du *Fram* –, que l'on fermait à la profondeur voulue avec un messager qui glissait sur le fil. La fermeture des bouteilles entraînait le pivotement d'un thermomètre à renversement, fractionnant la colonne de mercure à la température atteinte.
On ramenait ainsi à la surface des échantillons d'eau dont on analysait la salinité, et la température de la couche d'eau étudiée.

Courbes de température et de salinité relevées par la bathysonde.

Mardi 7 mai 2002

Temps couvert, vent du nord, blizzard, neige.
12 TU.
N 88° 46 462.
E 07° 55 579.
V 25 N.
T – 11 °C.
Wcf – 21 °C.
P 1 014.

Si la banquise se casse sous le *Polar Observer* ?

La banquise est soumise en permanence à des forces liées à ses mouvements : là elle se casse, ici elle se comprime, si bien que sa surface n'est ni plate ni homogène.
Les contraintes peuvent apparaître à tout moment et en tous lieux, même en hiver quand le froid extrême lui donne cet aspect de forteresse immuable. Une compression ou une cassure pouvaient donc se former à l'emplacement même du *Polar Observer* et il fallait prévoir ces cas de figure.
La seule échappatoire possible était de se déplacer de quelques mètres. Pour cela j'avais apporté un Tirfort ©, un treuil à main capable de tracter 1,5 tonne, l'amarrage du câble sur la glace se faisant autour d'une échancrure découpée dans la banquise à la tronçonneuse. Les essais à la base de Barnéo m'avaient permis de me familiariser avec le maniement de l'engin et les forces mises en jeu. Les bords inférieurs de l'habitacle, inclinés vers l'intérieur, facilitaient le glissement sur la glace, mais je ne souhaitais pas avoir à m'en servir.
Les calculs m'assuraient la flottabilité et la stabilité verticale du *Polar Observer* s'il venait à glisser à l'eau.
Le retour sur la glace ferme se ferait soit par treuillage au Tirfort ©, soit par la banquise elle-même quand elle se resserrerait. Les chenaux d'eau finissent toujours par se refermer et j'avais prévu d'emporter le *Polar Observer* le long d'une berge de glace assez basse qui glisserait facilement sous l'habitacle au moment de l'affrontement des deux bords de la banquise.
Toutes les hypothèses avaient été envisagées avant le départ.
Seraient-elles applicables sur le terrain ?

Ce matin vers quatre heures, j'ai été réveillé par un bruit sec, un claquement métallique de câble qui se rompt, amplifié par la résonance du *Polar Observer*.
À l'extérieur, rien n'avait apparemment changé et je me suis rendormi.
À mon lever, quelques heures plus tard, une ligne de blocs de glace fraîchement remaniés s'étalait d'est en ouest, à environ 800 mètres vers le sud : un chenal d'eau libre venait de se former. La surface clapotait sous le vent.
Lynet, que j'avais emmené, s'est immobilisé, paralysé à la vue de l'eau. Le chien ne voulant plus avancer, il m'a fallu rebrousser chemin. Sur le retour, je lui ai retiré sa laisse et il s'est mis à courir dans tous les sens avec beaucoup d'énergie. Très obéissant, il revenait chaque fois que je l'appelais, se frottant contre moi ; puis, d'un seul coup, il a disparu ventre à terre. J'étais inquiet jusqu'à ce que je l'aperçoive, assis sagement à côté de sa niche. Quand je suis arrivé près de lui, il s'est mis en état de soumission jusqu'à ce que je lui passe la laisse.
On dirait qu'il a peur que je l'abandonne.
Immuable, la banquise fait toujours 2,35 m d'épaisseur.

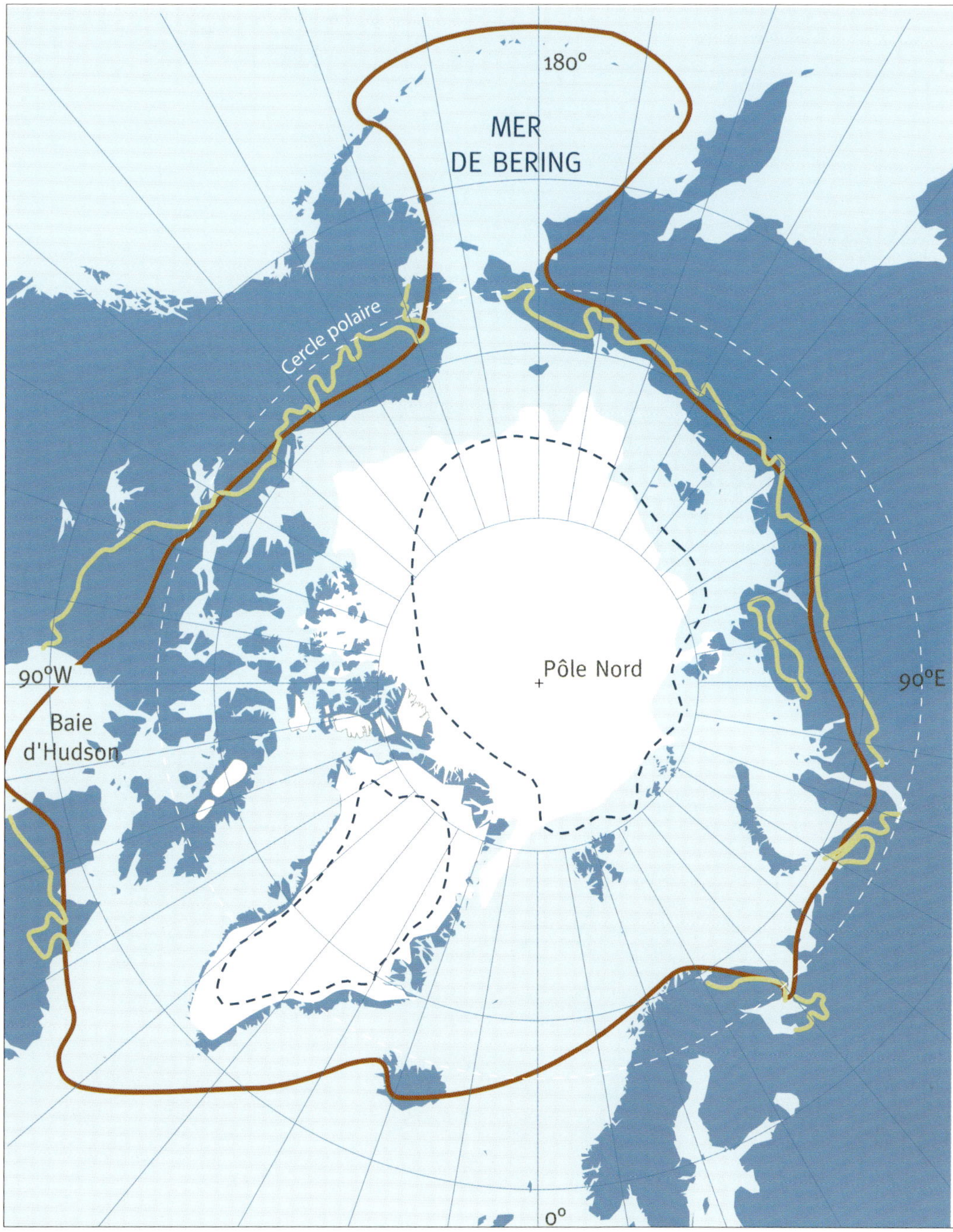

LIMITES DE L'ARCTIQUE

L'isotherme 10°C du mois le plus chaud est le plus souvent choisie pour délimiter l'Arctique.

- - - Isotherme 0°C

—— Isotherme 10°C du mois le plus chaud

—— Limite des arbres

☐ Calotte glaciaire et banquise

Mercredi 8 mai 2002

Très belle journée. Ciel bleu. Petit vent frisquet.

12 TU.

N 88° 40 286.

E 08° 29 738.

V 20 NW.

T – 15 °C.

Wcf – 24 °C.

Hu 78 %.

P 1 014,8.

À midi, sous le soleil, les panneaux solaires débitaient 10 ampères et la température à l'intérieur était de 19 °C sans chauffage. J'ai réussi ma première descente de la bathysonde à 600 mètres.
En fin d'après-midi, je suis reparti en balade près du chenal d'eau libre. Je voulais profiter de la belle lumière, car hier le temps était vraiment glauque.
Je me suis approché lentement avec l'espoir de surprendre quelques phoques en train de nager mais je n'ai rien vu. Une fine couche de glace recouvrait en partie cette mare noire au milieu d'un amoncellement de blocs turquoise, un spectacle puissant, magnifique. Je n'arrivais cependant pas à me détendre, à en profiter pleinement. C'était en fait la première fois que je me retrouvais seul, aussi loin du camp. Le *Polar Observer* avait disparu derrière des barrières de glace et je prenais conscience de ma fragilité, un minuscule point sur cette immensité chaotique. Pour la première fois aussi, je prenais la dimension du voyage, de mon « isolement planétaire » au cœur de l'Arctique, inaccessible.

Le cercle polaire

Le cercle polaire arctique délimite la frontière à l'intérieur de laquelle l'ensoleillement est permanent du 21 juin (été) au 21 septembre (automne), le fameux « soleil de minuit ». C'est aussi la délimitation de la surface terrestre où le soleil ne se lève pas du 21 décembre (hiver) au 21 mars (printemps).
La latitude des cercles polaires nord et sud est déterminée par l'inclinaison de l'axe de rotation de la Terre, qui est de 23° 27'par rapport à son plan de rotation annuelle autour du Soleil, appelé plan de l'écliptique. La latitude du pôle Nord est 90° N, la latitude du cercle polaire arctique est donc 90° – 23° 27'= 66° 33' N.

Les limites géographiques de l'Arctique

Si l'on a d'abord adopté le cercle polaire comme limite géographique de l'Arctique, il ne reflète pas la réalité climatique. La ligne des points choisie, où la température moyenne des mois les plus chauds est de 10 °C – appelée « isotherme 10 °C d'été » –, suit assez fidèlement les côtes de l'océan Arctique, les mers adjacentes et la limite des arbres. À l'intérieur de cette frontière biogéographique, deux îlots froids sont délimités par l'isotherme 0 °C – moyenne du mois le plus chaud –, la calotte du Groenland et la partie de l'océan où la banquise est permanente, et qui correspond à la limite des eaux profondes du Bassin arctique central.

Jeudi 9 mai 2002

Belle matinée, ciel couvert en fin d'après-midi.
12 TU.
N 88° 35 178.
E 09° 42 360.
V 25 WNW.
T – 14 °C.
Wcf – 23 °C.
Hu 78 %.
P 1 014.

Je suis resté à l'intérieur à écrire et classer les notes journalières que je prends çà et là pour le suivi du programme. J'en ai profité pour m'installer confortablement : j'ai enfin monté le fauteuil qui attendait dehors dans son carton. Il est tout à fait adapté au volume et il se fond assez bien dans l'habitacle. Je n'aurai pas à le sortir tous les soirs pour dérouler mon matelas. Le dossier est très reposant pour le dos, et je peux même l'incliner si je veux faire une petite sieste. J'ai maintenant la cuisine à un demi-tour de fauteuil du bureau, ce qui est d'une grande commodité. Jamais je n'aurais cru pouvoir disserter autant sur l'installation d'un fauteuil, mais il trône au milieu de la pièce et il a pris une grande place dans ma vie intracapsulaire.
Face à la frugalité des moyens, on prend davantage conscience de la valeur des choses.

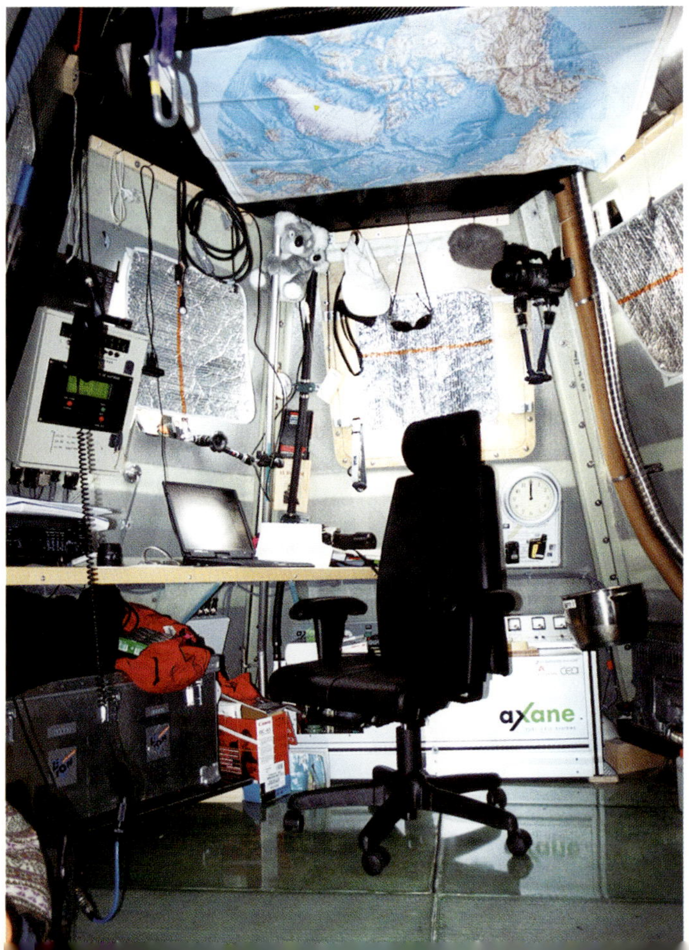

Vendredi 10 mai 2002

Couvert, blizzard, halo de soleil par moments.
12 TU.
N 88° 29 017.
E 10° 44 856.
V 30 NNW.
T – 12 °C.
Wcf – 22 °C.
Hu 81 %.
P 1 014,9.

Bilan électrique

(Lettre à Hervé Henry)

Voici un petit compte rendu après un mois de « pilotage » du *Polar Observer*.

Je dois d'abord dire que tout le système Énergie fonctionne bien. Je suis régulièrement réveillé par des coups de gong provenant de la batterie et me prévenant d'arrêter la charge solaire. L'onduleur* émet de petits grésillements aigus très désagréables quand la charge de la batterie est trop faible, au-dessous de 22 volts.

Le solaire fournissait 5 ampères au début et produit maintenant jusqu'à 10,5 ampères en plein soleil. Je suis surpris par le rendement des panneaux qui donnent 3 ampères sous un ciel totalement couvert.

La pile à combustible (PAC) est un prototype qui demande un entretien régulier. Il faut être très minutieux, mais je démonte maintenant les cellules sans soucis.

Frédéric Touvard, d'Axane, me pilote à distance pour améliorer le rendement, par des ajustements affinés sur une pile identique qui tourne au centre de recherche de Sassenage. Quand toutes les cellules de la PAC fonctionnent, elles produisent un courant situé entre 3,5 et 4,3 ampères. Certains jours nuageux, je dois coupler le solaire et la pile à combustible pour couvrir les besoins. Je crois que la réserve d'hydrogène tiendra jusqu'au bout.

Encore merci Hervé pour ta contribution efficace.

* Appareil électrique qui transforme le courant continu en courant alternatif.

Les batteries au lithium

L'électricité est stockée dans des batteries au lithium de 24 volts de la société SAFT. La régulation de la charge est assurée par un tableau de contrôle muni d'un avertisseur sonore qui m'informe de la faiblesse ou de la surcharge des batteries. La priorité est donnée au solaire afin de préserver le stock d'hydrogène.

Désormais, aucune des sources d'énergie du *Polar Observer* ne m'est étrangère.

J'ai entamé la deuxième bouteille de gaz naturel. J'appréhendais un peu la manipulation des détendeurs et autres vannes sur un circuit à haute pression, mais tout s'est bien passé ; il suffisait de suivre les consignes très bien détaillées par les ingénieurs de Gaz de France. Depuis le début du mois de mai, je chauffe beaucoup moins la journée et j'éteins le chauffage pendant la nuit. Il me reste deux bouteilles pleines ; je ne devrais pas manquer de gaz.

Dans l'après-midi, j'ai pris l'initiative de démonter deux cellules de la pile à combustible qui s'affichaient au rouge en permanence. Avec le peu de connaissance que j'ai de cette technologie délicate, je n'ai rien constaté d'anormal. Le seul fait de les démonter a tout remis en ordre de marche, et la pile débite une intensité de 4,5 ampères, ce qui est parfait.

En alternance avec les panneaux photovoltaïques qui donnent 3 ampères sous les nuages, je ne devrais pas non plus tomber en panne d'électricité.

Depuis trois jours, je descends vers le sud à raison de près de 10 km par jour, ce qui est rapide.

Temps couvert, gris, humide.
12 TU.
N 88° 24 370.
E 10° 43 544.
V 10 NNW.
T – 6 °C.
Wcf – 11 °C.
Hu 87 %.
P 1 020,8.

J'ai descendu la bathysonde à 800 mètres ; mon contrat avec Jean-Claude Gascard du LODYC (Laboratoire d'océanographie dynamique et climatologique) est rempli. La remontée fut assez « musclée », à cause de la friction du câble sur la poulie qui s'est enrayée à mi-parcours, mais ce soir je suis satisfait. Le filet à plancton ramène toujours la même moisson, ce n'est pas encore l'explosion de vie.

Le point sur le programme scientifique

(E-mail du 9 mai à Pierre et Laure)

Je n'imaginais pas que ce serait aussi lourd à mettre en place, à la fois physiquement et intellectuellement. J'ai dû faire appel à tous mes muscles, qui n'avaient pas fonctionné depuis longtemps, et à tous mes neurones, dont certains n'avaient jamais fonctionné. Je me suis beaucoup inquiété, pensant que j'avais surestimé mes capacités. En fait, je n'ai jamais baissé les bras, et je commence enfin à me sentir plus à l'aise. J'appréhendais surtout l'utilisation du photomètre et de la CTD (bathysonde), qui fournissent des mesures importantes du programme. Vous avez suivi mes difficultés avec le moulinet, je l'ai entièrement démonté pour finalement comprendre qu'un simple petit coup de marteau sur le tambour suffirait à le débloquer. La descente de la bathysonde ne pose plus de problème ; aujourd'hui je l'ai descendue à 600 mètres. La remontée est purement physique car, comme vous le savez, elle doit être la plus régulière possible, donc sans repos ; une question de rythme à trouver. C'est possible à 800 mètres. Dans la foulée j'ai descendu le filet à plancton à 150 mètres. La moisson a été très légère. Il n'y a pas beaucoup de vie là-dessous. J'ai l'impression qu'il y a surtout de toutes petites bêtes, fraîchement écloses et qui attendent la lumière pour grandir. Au sujet des flacons de conservation, je fais décongeler le formol avant d'y mettre la récolte de manière à ce que les animalcules se conservent bien. Toutes les autres expériences sont simples, et je commence à prendre le coup avec le carottier. Parmi les outils les plus indispensables : le pic, la pelle, la tronçonneuse, et tout le petit matériel de bricolage de montagne et de bateau (cordelettes, broche à glace, mousquetons, manilles, émerillons…). Après tout ce temps passé ensemble à mettre en place un programme, voilà que les choses prennent forme petit à petit. J'espère que les résultats seront à la hauteur de l'engagement.

Dimanche 12 mai 2002

Temps couvert, gris, humide.
12 TU.
N 88° 20 632.
E 11° 19 582.
V 20 WNW.
T – 5 °C.
Wcf – 12 °C.
Hu 90 %.
P 1 022,8.

Ça fait plusieurs semaines que je le remets et je m'y suis enfin attaqué : j'ai fait le ménage autour du camp pour donner une unité esthétique au lieu.
Je me souviens des cours de physiologie, où le pelletage de la neige en hiver était considéré comme l'un des efforts les plus pénibles et les plus coûteux en calories. Après trois heures passées à remuer la neige et les caisses de matériel, j'en suis convaincu.
Ce soir, on se croirait sous les tropiques.
Il fait – 5 °C, le vent est presque tombé, et l'humidité relative atteint 94 %. La neige devient lourde et colle sous les chaussures. Il semble que l'été s'installe précocement.

Les besoins de l'organisme en expédition polaire

En expédition, l'augmentation des besoins de l'organisme est fonction de la nature de l'effort et de la température ambiante. Quand je suis allé au pôle Nord en 1986, mon traîneau pesait 85 kg au départ de chaque ravitaillement, et la température dans la tente le matin, à la hauteur du tapis de sol, oscillait entre – 52 °C les premiers jours et – 18 °C à l'arrivée au pôle.
Ma ration quotidienne était de 5 000 kilocalories, le double de la ration d'un adulte sédentaire en pays tempéré. L'appétit s'adapte assez vite et l'organisme humain, qui est très bien fait, sélectionne les aliments les plus riches : une faim de graisse apparaît nettement. Les glucides et les protides apportent 4 kcal/g alors que les graisses, bien plus énergétiques, apportent 9 kcal/g. Je me souviens des morceaux de beurre congelé que je croquais avec délice : de la glace pur beurre.
L'organisme a aussi des capacités d'acclimatation au froid remarquables.
Par une série d'ajustements biologiques, la température du corps peut descendre graduellement de quelques dixièmes de degré, une façon de baisser le thermostat et de faire des économies d'énergie. Cette adaptation de type hypothermique demande plusieurs semaines de confrontation permanente avec le froid. Elle s'apparente, dans un autre domaine, à l'adaptation à la baisse de la pression de l'oxygène en altitude.
Cette expédition-ci ne demandait pas d'effort d'endurance de longue durée, ni de confrontation permanente avec le froid car le *Polar Observer* est bien chauffé.
Ces conditions diminuaient considérablement mes besoins énergétiques, comparativement à l'expédition en solitaire de 1986. Comme le transport de la nourriture n'était pas un problème, je me suis régalé de bons petits plats.
On pourrait presque parler de « dérive gastronomique », même s'il n'y avait pas de vin à la cave.
Pour ce qui est des déchets, j'ai brûlé les papiers et les cartons, et j'ai rapporté les emballages non dégradables (aluminium et matières plastiques).

Gaz de France
Dattes
Beretta

Gaz de France

LYNET

Lundi 13 mai 2002

Temps couvert, sans vent, humide et anormalement « chaud ».
12 TU.
N 88° 17 786.
E 12° 17 485.
V 5 NW.
T – 6 °C.
Wcf 9 °C.
Hu 91 %.
P 1 018,8.

Pour la première fois, Lynet s'est allongé sur le ventre à même la neige ; il commence à souffrir de la chaleur. Il fait exceptionnellement doux sous les nuages.
À l'intérieur du *Polar Observer*, j'ai connu une température record (+ 22 °C) après deux heures de fonctionnement de la pile à combustible.
Ce soir, la girouette ne tourne pas du tout, le vent est quasi nul, ce qui est exceptionnel. Le silence est absolu, on entend par moments la banquise crisser sous la pression. Sans vent, la dérive a marqué le pas ; le GPS s'est immobilisé.
J'ai calculé la vitesse de ma dérive sur plusieurs journées de vent constant. Entre le 7 et le 12 mai, la vitesse moyenne du vent a été de 20 km/h et j'ai parcouru 26' en latitude, soit 26 milles nautiques marins, c'est-à-dire 48 km en cinq jours, ce qui fait une vitesse moyenne de dérive de 0,4 km/h.
Ce calcul confirme que la banquise dérive à 2 % de la vitesse du vent*.

* Ce calcul ne tient pas compte de la dérive en longitude, encore assez minime.

Bilan technique du *Polar Observer*
(Courrier à Michel Carrier, directeur du CRITT)

J'ai attendu d'y voir un peu plus clair pour t'adresser un compte rendu sur le *Polar Observer*. Voici une série de réponses aux nombreuses questions que nous nous étions posées.
Le volume habitable est tout à fait adapté à ma taille et à sa fonction. La mezzanine sert surtout pour ranger le matelas et le sac de couchage pendant la journée. La caisse en bois de Gaz de France est devenue mon meuble de cuisine.
J'ai enfin monté le fauteuil qui apporte un réel confort, surtout pour le dos, par comparaison au tabouret, fait à l'origine pour le réchaud et que j'avais capitonné avec un coussin. Le bureau est distant d'un demi-tour de fauteuil de la cuisine, ce qui est très pratique. C'est incroyable comme on s'habitue vite à vivre dans un tout petit espace.
L'isolation thermique est très satisfaisante. Même au plus froid (– 32 °C plus le vent), j'ai toujours réglé le chauffage au minimum.
Quand la température extérieure est de – 15 °C, je ne mets plus le chauffage les jours de soleil ; l'effet de serre fonctionne très bien avec les hublots.
Sans chauffage pendant la nuit, la température du matin est de + 10 °C au visage et + 5 °C aux pieds. Dès que j'enlève les caches des hublots, elle remonte très vite. En revanche, les jours de blizzard, le chauffage est indispensable.
Il y a deux jours, j'ai terminé la première bouteille de gaz. Je me suis préparé au changement de bouteille, car il faut prendre certaines précautions avec la haute pression : c'est un véritable moment de spéléo avec lampe frontale et miroir pour parvenir à lire sur les robinets placés sous les planchers de la pile à combustible.
Le sas est vraiment très pratique et permet d'économiser de la chaleur.
Je me suis habitué au poids de la porte : j'ai tendu un Sandow entre la poignée et l'armature du sas pour la retenir.
Je n'ai pas encore eu à me déplacer, ni été amené à tester les qualités nautiques de la capsule : je suis sur une plaque de banquise solide et compacte.
Le bilan est vraiment positif. Encore bravo pour cette réalisation. Transmets mes amitiés à Didier Fallandry et à toute l'équipe du CRITT.

Mardi 14 mai 2002

Brume, puis beau, puis couvert.
12 TU.
N 88° 17 419.
E 12° 35 754.
V 15 S.
T – 13 °C.
Wcf – 22 °C.
Hu 80 %.
P 1 013,6.

La journée a commencé dans une brume épaisse qui, vers dix heures, s'est levée comme on enlève un voile. Le soleil s'est mis à briller et l'humidité ambiante s'est déposée, formant du givre sur les structures et des cristaux de glace sur le sol. En peu de temps, l'humidité de l'air a chuté de 90 % à 80 %. Ce soleil fut le bienvenu pour cette date anniversaire : le 14 mai 1986, j'arrivais au pôle Nord après 63 jours de marche en solitaire. Parti du nord du Canada, j'avais progressé contre la dérive, et cette fois c'est elle qui m'emmène.
Du haut de mon observatoire j'ai repéré un phoque allongé sous le soleil. Lorsque j'ai tenté de l'approcher, parvenu à environ 200 mètres de lui, il s'est carapaté dans son trou. Je ne crois pas qu'il m'ait vu ; il a sûrement entendu le crissement de mes pas sur la neige. En Arctique, les animaux sont beaucoup plus farouches qu'au pôle Sud : là-bas, les phoques et les éléphants de mer ne s'éloignent jamais quand on les approche. Dommage, j'aurais bien passé un peu de temps à le regarder se prélasser sur la banquise.
Christian de Marliave, qui s'est occupé de ma dépose au Pôle et qui suit la logistique de nombreuses autres expéditions polaires, m'a appris ce matin par Iridium que trois expéditions parties du Canada vers le Pôle étaient en difficulté. La banquise s'est rompue et de nombreuses zones d'eau libre leur barrent la route. Dans mon secteur je suis pour le moment à l'abri de ces mouvements puissants.
Pour combien de temps ?

Mercredi 15 mai 2002

Couvert, gris.
12 TU.
N 88° 14 771.
E 13° 19 462.
V 10 W.
T - 10 °C.
Wcf - 15 °C.
Hu 85 %.
P 1 010,9.

Un bruant des neiges passait par là, et il s'est arrêté pour festoyer avec les reliefs du repas de Lynet. J'étais assis au bureau quand il m'a semblé entendre le chant court et aigu d'un oiseau. À bord du *Polar Observer*, des alarmes sonnent toutes les minutes pour dire qu'elles fonctionnent bien (oxygène, gaz carbonique, hydrogène et méthane), si bien que je n'y croyais qu'à moitié. En jetant un regard par le hublot, j'ai eu l'heureuse surprise d'apercevoir un petit oiseau qui volait autour du camp. Il s'est posé tout près, s'est approché en marchant jusqu'à la niche, puis s'est mis à picorer nerveusement. Assis sans broncher, Lynet regardait cet oiseau finir ses menus restes. Quand le petit animal a été repu, il s'est éloigné un instant puis est revenu finir tranquillement les dernières miettes, avant de disparaître. Les bruants des neiges passent l'hiver dans les zones tempérées d'Europe et d'Amérique, et ils reviennent l'été en Arctique vers leurs aires de nidification : la Sibérie, le Spitzberg, le nord du Canada. D'où venait ce petit migrateur ? Comment ces oiseaux parviennent-ils à parcourir d'aussi grandes distances sur ces déserts glacés avec si peu de réserves ? C'est encore un des mystères de la vie que l'on perçoit avec d'autant plus d'étonnement qu'on se trouve soi-même au cœur de ces trajectoires désertiques.

Jeudi 16 mai 2002

Neige le matin, plus clair et parfois ensoleillé l'après-midi.
12 TU.
N 88° 11 051.
E 13° 44 564.
V 10 SE.
T – 14 °C.
Wcf – 19 °C.
Hu 84 %
P 1 012,6.

Le *Polar Observer* est une caisse de résonance qui transmet les convulsions de la banquise. Dans la nuit, des grondements sourds ont fait trembler le sol ; un instant, j'ai cru qu'il s'agissait d'un orage.
Mais les claquements secs qui ont suivi m'ont confirmé que la banquise travaillait. Une faille s'est formée à 300 mètres au nord : un chenal en zigzag de trois mètres de large, ouvert sur la « cicatrice » d'une ancienne fracture ressoudée. Vers le sud, un champ de vieille glace compacte est lézardé par de nombreuses failles étroites, de 10 à 30 centimètres de large. Maintenant que le printemps est installé, il ne faut pas s'attendre à ce que le gel les ressoude. On va vers davantage de mouvements, de collisions et d'ouvertures de nouveaux chenaux. Muselée par les glaces de l'hiver, l'onde de l'océan Arctique va peu à peu retrouver son amplitude.
J'ai terminé cette journée de mer par des blancs de morue aux amandes, agrémentés de quelques câpres, du fameux Fleury Michon. Bientôt, j'aurai peut-être de la morue fraîche : s'il y a des phoques, c'est qu'il doit y avoir des poissons. Demain, je mets une ligne à l'eau.

Vendredi 17 mai 2002

Beau ce matin, couvert dans l'après-midi et gris le soir.

12 TU.
N 88° 08 978.
E 13° 55 945.
V 15 NW.
T – 10 °C.
Wcf – 16 °C.
Hu 87 %.
P 1 015,1.

En me voyant m'affairer dans les caisses de matériel, Lynet a compris que je prenais cela très au sérieux. Je l'ai regardé dans les yeux en lui disant : « Je vais à la pêche, ce soir tu auras du poisson frais. »
J'avais deux possibilités : soit descendre un bas de ligne pour la pêche au gros sur le fil du moulinet océanographique, soit pêcher à la palangrotte, pour les petits poissons de surface. La deuxième solution était plus facile à mettre en œuvre et plus réaliste.
Je me suis mis à pêcher par le grand trou, celui du filet à plancton, en le laissant ouvert pour faire entrer la lumière, créant un effet « lamparo » sous la banquise.
À plusieurs reprises, j'ai ranimé la ligne, mais après quatre heures de pêche, bredouille, j'ai plié le matériel.
Les leurres du commerce qui équipent ma ligne me paraissent trop « froufrouteux » pour la région.
La prochaine fois, je dégarnirai les hameçons et accrocherai des morceaux de la viande de phoque qu'un Russe m'a donnée pour les extras de Lynet. Je descendrai jusqu'à 50 mètres, où naviguent les bans de morues.

La vie sous la banquise

Il existe une vie sous la banquise : des bactéries vivant dans des poches de saumure et des algues se développant malgré le peu de lumière qui filtre à travers la glace. Ces « prairies sous-glaciaires » très clairsemées (phytoplancton) sont broutées par de tout petits crustacés comme le krill ou les copépodes (zooplancton). Les poissons planctonivores, proies des poissons piscivores (morues), s'en nourrissent.
Cette activité biologique planctonique se maintient au ralenti sous la banquise durant toute la nuit polaire et explose à la fin du printemps, dans les étendues d'eau libre, où la lumière active la photosynthèse du plancton végétal. Cette prolifération planctonique est plus spectaculaire dans l'océan Antarctique, au pôle Sud.
Les eaux y sont plus riches, et lorsque la banquise se disloque la surface de l'océan devient verdâtre. Je me souviens qu'à bord de l'*Antarctica* nous devions quotidiennement nettoyer le filtre d'aspiration d'eau de mer du dessalinisateur, obstrué par une importante quantité de phytoplancton.

Samedi 18 mai 2002

Temps couvert. Quelques éclaircies à la mi-journée. Neige.
12 TU.
N 88° 05 778.
E 14° 18 154.
V 10 W.
T – 11 °C.
Wcf – 14 °C.
Hu 87 %.
P 1 019,9.

Dimanche 19 mai 2002

Temps couvert toute la journée. Aucun relief.
12 TU.
N 88° 03 227.
E 14° 07 697.
V 5 N.
T – 10 °C.
Wcf – 13 °C.
Hu 77 %.
P 1 024,3.

Depuis le début du mois de mai, on assiste à la mise en place progressive de conditions estivales qui vont s'intensifier avec la montée du soleil sur l'horizon et la multiplication des ouvertures de la banquise. L'évaporation est de plus en plus importante, et le ciel se couvre fréquemment d'une couche uniforme de nuages bas. Dans cette ambiance cotonneuse, on distingue difficilement les contrastes, le ciel et la neige se confondent, un paysage que les Anglo-Saxons appellent le *white-out*, un blanc sans relief. Cette nébulosité piège le rayonnement solaire réfléchi par la neige et la chaleur dégagée par l'océan, si bien que, par « effet de serre » naturel, elle va accélérer la fonte de la neige de surface et celle de la banquise. Voilà comment petit à petit l'été s'installe au pôle Nord.
J'ai surpris par le hublot Lynet allongé sur sa niche.
La neige se transforme, devient plus lourde, plus humide.
Peut-être commence-t-il à rechercher le sec ?

Le rayonnement solaire au Pôle

Aux environs du Pôle, comme dans tout l'hémisphère nord, la température se réchauffe au fur et à mesure qu'on avance vers l'été. Le soleil monte tous les jours graduellement sur l'horizon, et son impact est de plus en plus fort. Actuellement, l'ensoleillement moyen sur vingt-quatre heures est supérieur à celui de la France, le soleil étant présent sans interruption. Cependant le Pôle ne bénéficie pas de cette chaleur car 90 % du rayonnement est réfléchi par sa surface neigeuse blanche et renvoyé dans l'espace (albédo).

Lundi 20 mai 2002

Temps couvert, uniformément gris.
12 TU.
N 88° 01 900.
E 12° 30 330.
V 18 NE.
T – 10 °C.
Wcf – 18 °C.
Hu 79 %.
P 1 026.

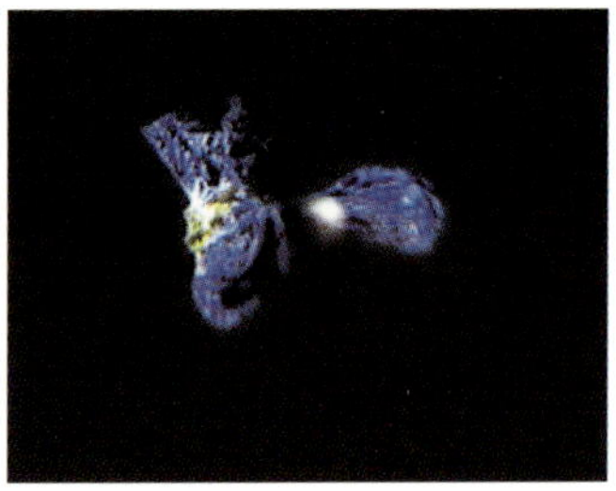

Ticœur,

Regarde ce que j'ai trouvé dans mes bagages : une violette séchée. C'est sûrement celle que nous avions cueillie à Fontenay avant de partir. Elle dérive avec moi, ces souvenirs aussi.

Tendresses,
Jean-Louis.

Mardi 21 mai 2002

Soleil voilé. Le ciel s'éclaircit dans l'après-midi.
12 TU.
N 87° 59 318.
E 11° 58 460.
V 15 NW.
T – 11 °C.
Wcf – 18 °C.
Hu 85 %.
P 1 025.

Ce matin, le soleil est enfin réapparu après trois jours de ciel couvert. Heureusement, car j'avais perdu le nord et la banquise avait fait une rotation de 15° vers l'ouest. Il m'a fallu recaler le photomètre qui visait à côté de l'astre.
Pour les besoins du tournage, j'ai décidé de me filmer mesurant l'épaisseur de la glace. Je sais maintenant que cette opération double le temps d'exécution de la tâche, un travail dans le travail. Le carottage a pris trois quarts d'heure mais je n'ai tourné qu'une dizaine de minutes, faisant périodiquement des allers et retours entre le trou et la caméra, pour changer de plan. À chaque fois, il faut mettre le trépied à niveau, refaire le cadre et revenir dans le champ de l'action.
J'ai approché l'objectif pour filmer la dernière scène, lorsque l'eau jaillit à la surface de la banquise. Manque de chance, la tige du carottier s'est cassée juste avant. Avec beaucoup de patience, je l'ai repêché au fond de ce trou obscur de douze centimètres de diamètre ; il commençait à s'immobiliser dans la glace et j'avais peur de le perdre. Quand j'ai terminé de rabouter les deux morceaux de l'axe de ce vieux carottier russe, il était sept heures du soir. Après un petit salé aux lentilles bien chaud, je me suis endormi.

Mercredi 22 mai 2002

Ciel voilé le matin. Très beau temps l'après-midi.
12 TU.
N 87° 55 221.
E 12° 37 691.
V 25 WNW.
T – 10 °C.
Wcf – 19 °C.
Hu 85 %.
P 1 025,5.

Loin de tout, et isolé de la civilisation, j'arrive à suivre l'actualité. Je capte régulièrement Radio France International, assez clairement pour comprendre ce qu'il se dit dans le concert cacophonique des radios du monde.
Au cœur de ce désert polaire, où rien n'indique que nous sommes sur Terre, la radio rend compte avec pertinence de la surface du globe, emmaillotée dans un tricotage de milliards de faisceaux d'ondes de toutes sortes : un véritable cocon hertzien de fils invisibles.
Il faut un récepteur à « ondes courtes » pour démêler cet écheveau. Aussi, je ne peux pas vraiment dire « J'ai *entendu* telle ou telle chose à la radio » ; le plus souvent, j'ai plutôt réussi à le décrypter en tendant l'oreille. Ici, quand on « met le poste », on n'est jamais assuré d'une réception claire et stable, même sur un récepteur très sophistiqué comme le mien. On reçoit la plupart du temps un mixage d'ondes, un panaché de langues et de cultures. Il y a quelques jours, j'ai entendu une émission chinoise sur les chants romantiques russes, très audible et très agréable jusqu'à ce qu'elle soit petit à petit brouillée, puis « phagocytée » par un reportage sur un match de football – je suppose – dans une langue d'Europe centrale.
On perçoit mieux l'Europe le soir, quand l'Asie dort.
À leur occupation du champ hertzien, on prend la mesure de la multitude des Asiatiques. Quant à l'Afrique, la radio permet de donner une voix à ce continent, qui se trouve dans une détresse insoupçonnée.
D'être à l'écoute du monde remet en place le curseur de nos inquiétudes et de nos préoccupations hexagonales.

Jeudi 23 mai 2002

Ciel dégagé, temps ensoleillé. Se couvre en fin de journée.
12 TU.
N 87° 57 436.
E 14° 18 650.
V 40 SE.
T – 8 °C.
Wcf – 17 °C.
Hu 84 %.
P 1 021.

Aujourd'hui, je suis à la moitié de la mission. Parti du Pôle le 11 avril, je serai récupéré le 4 juillet par le *Yamal*, un brise-glace russe. Je crois maintenant pouvoir assurer que je dérive dans le bon sens, c'est-à-dire entre les méridiens 0° et 15° E. Il y avait toutes les chances pour que ça se passe ainsi, mais ce n'était pas garanti. Un faible pourcentage de glace qui passe au Pôle se dirige vers le nord du Canada et part pour un tour de plusieurs années dans le courant circulaire du Bassin canadien. Je suis donc entraîné par le courant de dérive transpolaire qui traverse l'océan Arctique du détroit de Béring vers le détroit du Fram, entre le Spitzberg et le Groenland. Le moteur de fond de cette dérive est un courant maritime lent et constant, mais la vitesse et la trajectoire de la banquise dépendent du vent.
J'en ai malheureusement fait l'éclatante démonstration. Un fort vent de sud-est n'a pas cessé de la journée, et je remonte à grande vitesse vers le nord. Je suis ce soir à 87° 59 N, la latitude d'il y a deux jours.
Les grondements et les sifflements du blizzard passent comme des trains, en rafales. Le *Polar Observer* se met à vibrer dans les bourrasques, je n'avais encore jamais ressenti cela ; c'est obsédant. La radio ne peut détourner mon attention du vent car je ne capte rien, un *black-out* total : quelque chose empêche les ondes de passer.
Pour le moment, la banquise autour de moi tient bon, mais un déplacement pareil ne se fait pas sans dégâts. De nouveaux chenaux, de nouvelles compressions de glace ne vont pas tarder à se former. Les éléments imposent leur force ; rien n'est jamais vraiment acquis. La banquise est une école de patience et d'humilité.

Balise Argos et GPS

La dérive sur la banquise est un voyage immobile au cours duquel aucune marge de manœuvre n'est possible, concernant la vitesse et la direction suivie. Le vent impose sa route. Je connaissais ma position à l'aide du GPS (*Global Positionning System*) et vous connaissiez la mienne grâce à la balise Argos.
Le GPS est un système de navigation par satellite développé par les militaires américains et ouvert au public il y a une dizaine d'années. Avec un GPS, la précision de la position est fiable à quelques mètres près. Il en existe pour les randonneurs à des prix tout à fait accessibles dans les magasins de nature et de plein air. Certains constructeurs de voitures le proposent en option pour le téléguidage : vous entrez votre destination dans l'appareil, et vous suivez votre déplacement qui s'inscrit sur la carte affichée à l'écran. Comme les plans sont sans cesse mis à jour, le GPS ne vous fera pas prendre de sens interdit.
Pour se soustraire à cette dépendance américaine, les Européens viennent de lancer leur propre système de navigation, baptisé Galileo, qui sera opérationnel en 2008.
La balise Argos a été mise au point en France par le CNES (Centre national d'études spatiales). Elle servait à l'origine à la transmission des données de stations météorologiques automatiques. Elle a été popularisée par les marins de course au large, dont on équipe les bateaux.
Avec la miniaturisation de l'électronique, les balises Argos ont permis de suivre le trajet des albatros, des tortues, des ours polaires, de connaître leurs mœurs migratoires, leurs zones de pêche. Yvon Le Maho, du Centre d'écologie et de physiologie énergétique du CNRS de Strasbourg, en a équipé les manchots royaux des îles Crozet.
Les informations qu'il en retire constituent une aide précieuse pour suivre l'évolution des ressources de l'océan.
Pour la « Mission Banquise », je disposais de plusieurs balises Argos : une sur le *Polar Observer* pour suivre le trajet de la dérive, une autre pour connaître à distance l'évolution de la température de la banquise, un programme du professeur Gascard du LODYC, et deux autres pour le programme « Argonautica », pour le suivi des courants océaniques.

Vendredi 24 mai 2002

Ciel couvert, compact. Neige dans l'après-midi.
12 TU.
N 88° 03 708.
E 15° 21 622.
V 25 S.
T 0 °C.
Wcf – 5 °C.
Hu 95 %.
P 1 009,9

Le vent m'a fait remonter vers le nord, soit une semaine en arrière. Il me harcèle, me torture l'esprit, alors qu'il suffirait d'accepter qu'il est ici chez lui. Seulement voilà, je ne suis pas un Inuit, mais un Occidental entre parenthèses du monde, avec un programme et un calendrier. Autrefois, la force des Esquimaux se concentrait dans leur capacité à attendre face aux éléments : attendre à l'affût sur la banquise des heures immobiles dans le froid, attendre sous l'igloo des mois de nuit sans fin, attendre que la tempête se calme pour aller chasser. Ils n'attendaient rien du monde, et, sans le rythme des jours, demain ne signifiait rien, ils vivaient au présent. La chasse était leur métronome, leur seule ressource aussi. De chaque bête abattue, tout était parcimonieusement utilisé : la viande, la graisse, la peau, les entrailles et les os. Avec très peu, il fallait faire une vie ; avec presque rien, ils arrivaient à tout faire. Cette frugalité de moyens dans un monde aussi sévère révélait d'une manière éclatante l'intelligence appliquée, instinctive, de ces nomades du grand hiver. Moins on a d'outils, plus il faut de temps pour accomplir chaque tâche : la lenteur faisait partie de leur économie pour survivre.

En moins d'un siècle, notre civilisation est passée aux antipodes de cette vie calquée sur la nature, notre intelligence s'est déplacée, notre rythme de vie et nos préoccupations aussi.

Dans cette expédition où je vis au gré des mouvements de la banquise, j'ai de l'espace et du temps à profusion, un luxe dans notre civilisation. Mais cette abondance n'est pas forcément synonyme de liberté : un jour sans fin dans un univers sans limite peut devenir un bagne.

Comme pour chaque voyage polaire, il faut plusieurs jours pour oublier l'agitation du monde et prendre le pas de ces régions hors du temps. Cette tempête, qui me contrarie, révèle que je n'ai pas encore acquis le détachement des hommes du désert, cette capacité à s'abandonner, à composer avec l'invasion nonchalante du temps, du temps qu'il fait, et du temps qui passe.

Ciel couvert. Absence de relief.
12 TU.
N 88° 04 970.
E 15° 58 540.
V 20 WNW.
T – 3 °C.
Wcf – 9 °C.
Hu 92 %.
P 1 008,6.

La machine climatique

Le climat résulte de l'équilibre entre les différences d'ensoleillement à la surface de la Terre, qui varient en fonction des saisons et de la latitude.
On parle souvent de « machine climatique » pour illustrer la dynamique du phénomène : afin d'équilibrer le chaud équatorial et le froid polaire, la Terre utilise ses deux fluides, l'eau des océans et l'air de l'atmosphère.
L'air chaud, plus léger, monte à l'équateur et, par une succession de révolutions, remplace l'air froid polaire.
L'eau chaude des tropiques, plus légère, suit les courants de surface jusqu'aux hautes latitudes où, en se refroidissant, elle va s'alourdir, plonger et revenir vers l'équateur par les courants profonds de l'océan.
Ces différences de température entre le nord et le sud de chaque hémisphère créent des courants marins et atmosphériques dont la trajectoire est modelée par la rotation de la Terre (force de Coriolis).
L'atmosphère et les océans se partagent la quantité de travail, mais ils le font à des vitesses différentes. Le transport aérien se fait par une succession de voyages rapides entre les dépressions et les anticyclones que nous suivons quotidiennement à travers les bulletins météorologiques.
Le transport maritime est plus lent, saisonnier ou annuel pour les courants de surface, séculaire pour les courants froids profonds ; c'est lui qui pérennise la stabilité du climat.
Les archives du climat témoignent de la succession des périodes glaciaires et interglaciaires qui correspondent à des modifications de l'ensoleillement à la surface de la Terre. Ces périodes sont liées aux fluctuations de l'activité du Soleil lui-même, et aux variations de l'orbite terrestre et de l'inclinaison de son axe de rotation, sur des périodes allant de 10 000 à plus de 100 000 ans (théorie de Milankovitch). Aujourd'hui l'Homme est devenu un acteur du climat, car ses activités industrielles, agricoles, et domestiques, modifient la composition de l'atmosphère.

Le vent du sud m'a apporté de l'air océanique qui s'est réchauffé sur la branche la plus septentrionale du Gulf Stream. J'ai connu, hier soir, un record de température, + 1 °C, avec une humidité à 96 %. Le ciel était gris, opaque, confondu avec la neige devenue lourde, sans éclat. Les épais flocons de l'après-midi se sont transformés en fines gouttes d'eau, pénétrantes.
Les poils de Lynet, collés par la pluie, sentaient fort.
La glace accumulée sur les cheminées du *Polar Observer* commençait à dégouliner et je me suis activé avec éponge, récipient et serpillière. Cela sentait la débâcle et je commençais à regretter le confort et l'immuable stabilité du froid. Avant de me glisser dans le sac de couchage, j'ai mis le chauffage pour chasser cette humidité poisseuse.
Dans la nuit, le vent a progressivement viré à l'ouest, ce qui a enfin endigué mon inexorable remontée vers le nord, à la même latitude que samedi dernier ! Depuis ce matin, le vent s'est établi à l'ouest, et la température a fraîchi. La descente vers le sud se poursuit.
Un chenal formé il y a deux jours, à 400 mètres au nord, s'est considérablement élargi (30 mètres), et il s'étale d'est en ouest à perte de vue. Je suis resté un moment sur la berge à regarder l'eau bouger.
Sous le ciel sombre, elle paraissait bien noire mais le clapotis sonnait à mes oreilles comme une ode à la vie.
Un bruant a traversé la rivière vers le nord en poussant de petits cris aigus.

Dimanche 26 mai 2002

Temps couvert, le ciel et la neige se confondent.
12 TU.
N 88° 02 790.
E 16° 00 395.
V 5 NW.
T – 1 °C.
Wcf – 3 °C.
Hu 84 %.
P 1 019,5.

Elsa, mon petit cœur,

C'est aujourd'hui dimanche,
ta première fête des Mères avec notre petit Elliot,
ce magnifique cadeau que tu m'as fait pour la vie.
Un tibonhomme de toi ne pouvait être que merveilleux.
J'en suis heureux et fier.

Plein de tendresse,
Jean-Louis.

LES DÉCOUVREURS

Nordenskjöld, 1878-1879
Passage du Nord-Est

Amundsen, 1903-1905
Passage du Nord-Ouest

Ciel couvert. Mais où est passé le soleil ?
12 TU.
N 88° 02 750.
E 14° 59 265.
V 10 SE.
T – 2 °C.
Wcf – 6 °C.
Hu 84 %.
P 1 021,9.

J'ai entendu à la radio que George Bush et Vladimir Poutine venaient de sceller la fin de la guerre froide. Même si tout cela cache d'autres enjeux, c'est une très bonne nouvelle dont le monde peut se réjouir.
L'océan Arctique va perdre la position stratégique qu'il a occupée pendant cinquante ans de tension nucléaire entre les États-Unis et l'Union soviétique. Le plus court chemin entre ces deux puissances ennemies passait, en effet, par le pôle Nord.

Position stratégique de l'Arctique

Si l'on examine une carte ou un globe terrestre centrés sur le pôle Nord, on s'aperçoit que l'océan Arctique est une méditerranée (étymologiquement « une mer au milieu des terres »). D'un côté le Groenland, les côtes du Canada et de l'Alaska où se fraie le passage du Nord-Ouest ; de l'autre, le nord de l'Europe et l'immense Sibérie longée par le passage du Nord-Est.
Le passage du Nord-Ouest n'a plus beaucoup d'intérêt économique depuis l'ouverture de Panamá. Les Américains l'ont emprunté pour le transport du pétrole de l'Alaska vers la côte est des États-Unis, notamment avec le pétrolier brise-glace *Manhattan*.
Par crainte d'une catastrophe écologique, les Canadiens se sont pourtant toujours opposés à l'exploitation commerciale de cette voie navigable qu'ils ont classée zone écologique protégée. Mais les États-Unis ne reconnaissent pas l'appartenance canadienne de ces eaux du Grand Nord : ils sont gonflés ces Américains !
Le passage du Nord-Est fut, quant à lui, exploité par l'Union soviétique sous l'impulsion de Staline. Celui-ci confia à Papanine, après sa dérive du pôle Nord de 1937, le soin de développer « la voie maritime du Nord » entre Mourmansk et le détroit de Béring. Deux raisons nourrissaient cet ambitieux projet : l'une stratégique, pour l'entretien d'un rempart militaire face aux États-Unis, et l'autre économique pour l'exploitation des matières premières de Sibérie et l'approvisionnement des villes situées sur les grands fleuves qui se jettent dans l'océan Arctique (Ob, Ienisseï, Lena, Kolyma). De puissants brise-glace furent construits pour tracer un chenal dans la glace en toute saison et ainsi ouvrir le chemin aux convois de navires. Depuis l'effondrement du bloc soviétique, les priorités se sont déplacées vers d'autres fronts, et la voie maritime du Nord est tombée en désuétude.
Avec la fin de la guerre froide, les sous-marins des deux camps n'ont plus de raison d'être sous la banquise, aussi l'océan Arctique va-t-il redevenir ce qu'il a toujours été : une paisible méditerranée septentrionale.

Papanine, l'instigateur de la première station dérivante soviétique (1937-1938).

Mardi 28 mai 2002

Couvert, gris. Cinq minutes de soleil à travers les nuages vers 22 heures.

12 TU.

N 88° 05 448.

E 14° 00 220.

V 20 SSE.

T – 1 °C.

Wcf – 4 °C.

Hu 95 %.

P 1 021.

« Où tu m'emmènes, dis, où tu m'entraînes... »
C'est ce que je chantais au vent ce matin, avec l'espoir de l'amadouer un peu, mais il ne veut rien entendre, il est intraitable. Il vient du sud avec une exaspérante régularité. Je suis revenu à la latitude d'il y a dix jours !
Cet après-midi, il m'est arrivé un mauvais coup : le carottier a sombré au fond de l'océan. Ancien ajusteur, je m'étais appliqué à le réparer avec les moyens du bord, mais il a encaissé trop de chocs.
Cet incident m'a vraiment perturbé car j'étais attaché à ce carottier, même s'il m'avait déchiré les bras aux premiers coups de manivelle. Il faisait partie de cet outillage rustique, malin, efficace, que l'on trouve encore sur les marchés de campagne. Le métal jaune du ciseau qui abrasait la glace contrastait avec l'acier du manche, noueux comme la main du forgeron russe qui l'avait fabriqué. Combien d'hommes s'étaient acharnés sur ce tourniquet, combien de carapaces de banquise avait-il traversées ? J'en parle avec émotion car cet outil avait une âme. Lui seul pouvait nous informer sur l'épaisseur de mon radeau de glace et sur son évolution. C'est une perte importante pour le programme de glaciologie, et pour ma « panoplie » d'arpenteur des pôles. Il me donnait l'occasion de corps-à-corps salutaires avec la banquise, dont je sortais fourbu et satisfait comme un puisatier qui a atteint la nappe d'eau.
Au professeur Gascard qui m'a prêté ce carottier, je promets de fouiller la Russie pour tenter d'en trouver un autre. S'il en existe encore !

Mercredi 29 mai 2002

Temps variable, éclaircies le matin, neige, couvert l'après-midi.
12 TU.
N 88° 07 122.
E 12° 52 177.
V 15 SE.
T – 2 °C.
Wcf – 7 °C.
Hu 91 %.
P 1 017,4.

Le chenal où je fais mes mesures océanographiques commence à dégeler. Lorsque j'ai soulevé le couvercle de bois qui recouvre le trou du filet à plancton, la surface de l'eau était pour la première fois libre de glace, transparente, noire comme une fenêtre ouverte sur la nuit. À ma grande surprise, des animalcules de 4 à 5 millimètres, blanc ivoire, nageaient près de la surface : copépodes, jeunes krills, ou étaient-ce des petits poissons ? J'ai laissé la trappe ouverte, pensant que la lumière allait en attirer davantage, mais non, ils se sont même réfugiés entre les gros cristaux de glace qui bordent le trou.
Ils devaient y trouver quelques algues microscopiques à brouter.
En écrivant ces lignes, je me rends compte que je suis incapable de dire combien de temps j'ai passé, concentré, à observer ces échantillons de vie dans mon aquarium polaire. Cinq minutes, dix minutes ?
Quand la vie est rare, on se laisse facilement captiver par ses plus ténus indices.
Enfin le vent s'est calmé. Un silence lunaire règne sur la banquise et mes tympans bourdonnent dans l'air devenu pesant.
Le temps s'est immobilisé. La nuit ne viendra pas et mon nycthémère dérive, il faut aller dormir.

Le rythme biologique

L'alternance des jours et des nuits rythme les cycles physiologiques naturels de notre organisme. Sous nos latitudes, cette rythmicité varie avec les saisons et influe sur notre comportement :
le printemps et l'été sont propices à l'éveil, à davantage d'exubérance, alors que l'automne et l'hiver conduisent à plus d'intériorité, voire à un repli sur soi chez certains.
Mais à toutes les périodes de l'année, la vie sociale impose sa cadence, malmenant parfois nos rythmes personnels.
En région polaire, la lumière permanente du printemps et de l'été stimule l'état de veille, et l'organisme perd les repères de l'alternance des jours et des nuits. Nos besoins élémentaires, appétit et sommeil, se décalent peu à peu vers le soir. Quand on vit en communauté, comme à la station française Dumont-d'Urville en Antarctique, le rythme imposé par les nécessités de la vie en collectivité corrige cette déviation. Il en va de même en hiver où la nuit permanente a tendance à décaler le temps de sommeil vers la matinée.
À bord du *Polar Observer* je vis à l'heure française et je m'impose des horaires réguliers pour les repas et le couchage. Je sais par expérience que, sur le long terme, on ne peut compter ni sur l'appétit ni sur le sommeil pour rythmer le temps. Cette discipline personnelle est aussi un moyen d'entretenir les fonctions biologiques et cognitives.

Jeudi 30 mai 2002

Petit crachin de neige. Tout est blanc, compact. Mousson polaire.
12 TU.
N 88° 07 668.
E 12° 22 853.
V nul.
T – 1 °C.
Hu 90 %.
P 1 013,3.

Dans ce voyage immobile, je suis emporté par la banquise au gré des courants et des vents dont je suis totalement tributaire. Je ne suis pour autant pas le « naufragé volontaire » que fut Alain Bombard, dans sa dérive transatlantique, à bord de son radeau gonflable judicieusement baptisé l'*Hérétique*.
Le *Polar Observer* est plus proche de la capsule spatiale, concentrant toutes les ressources modernes pour ce qui est de sa construction et de l'énergie de bord. Ma position est connue avec une grande précision grâce aux satellites. Dans cette aventure technologique, tout est « nominal ». Mais paradoxalement, je vis comme un marin à l'ancienne, guettant l'arrivée du vent portant qui m'amènera à destination et le soleil pour trouver le nord.
La boussole n'est pas exploitable dans le champ magnétique du pôle, le soleil est mon seul repère.
Pour cela, je me suis fabriqué un compas solaire avec une boîte à camembert où j'ai dessiné la position des 24 heures d'une journée. La Terre fait un tour sur elle-même en 24 heures, si bien qu'en un lieu donné le soleil est invariablement à l'est à 6 heures, au sud à midi, à l'ouest à 18 heures et au nord à minuit.
Je parle bien sûr en heures solaires ; en été, l'heure administrative a deux heures d'avance sur le soleil : lorsque la montre indique midi, il est dix heures au soleil. Ainsi, en orientant l'aiguille de mon camembert vers le soleil, je repère le nord en me fiant à la position du chiffre 12.
Essayez, c'est très simple, la pratique est plus parlante qu'une longue explication. Sur ce principe, la firme Yéma m'avait fait une montre spéciale – une seule aiguille qui tourne en 24 heures – pour l'expédition au pôle Nord en 1986.
Ce soir le vent vient faiblement du nord :
pourvu que ça dure.

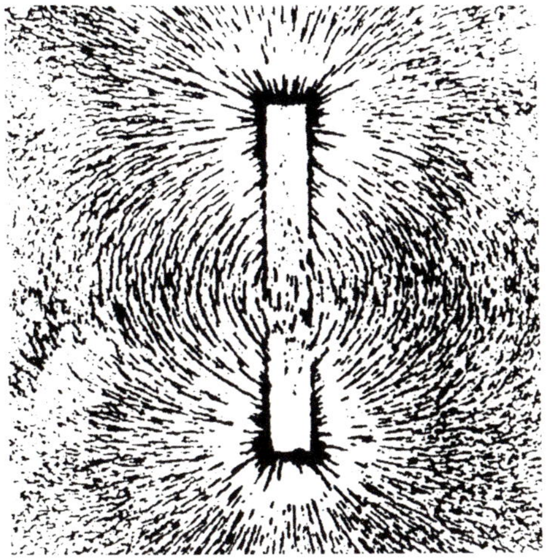

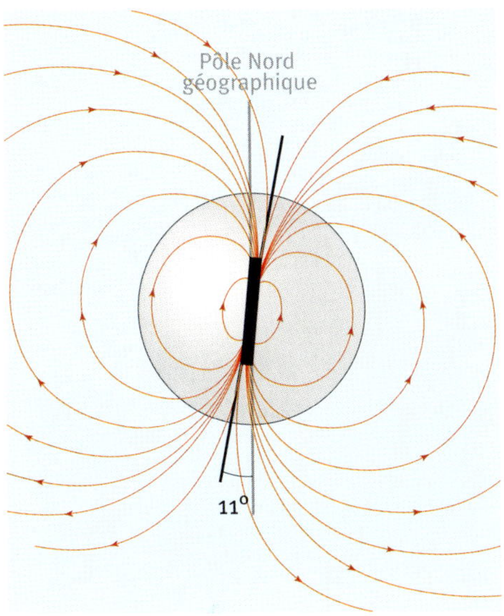

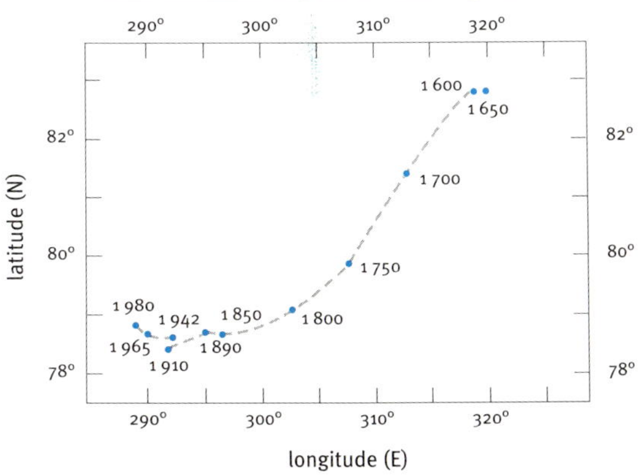

Variations de la position du pôle Nord magnétique ces quatre derniers siècles.

Le pôle Nord magnétique

L'existence d'un champ magnétique est facile à illustrer. Quand on pose une barre aimantée sur une feuille où l'on a disposé de la limaille de fer, on observe que celle-ci s'oriente autour de l'aimant en dessinant le champ des forces magnétiques. De même, la Terre se trouve dans un champ magnétique, comparable à celui créé par une barre aimantée qui serait au centre du globe. Les forces pénètrent par l'hémisphère nord et ressortent dans la région du pôle Sud. L'axe du magnétisme terrestre est cependant légèrement incliné, d'environ 11° par rapport à l'axe de rotation de notre planète. Il existe donc un décalage entre les pôles géographique et magnétique. Cet écart évolue dans le temps. Le pôle magnétique de l'hémisphère nord fut localisé pour la première fois par l'explorateur britannique James Clarke Ross en 1831. Il se situe actuellement au nord du Canada, à 1 700 km du pôle géographique.

Pour tout observateur situé à la surface de la Terre, il existe un angle entre la direction du nord géographique, qui est le nord des cartes, et le nord magnétique indiqué par l'aiguille aimantée de la boussole : c'est l'angle de déclinaison. Cette déclinaison est inscrite sur toutes les cartes marines, et varie en fonction de la position à la surface de la Terre.

Le marin qui navigue au compas se doit d'en tenir compte pour calculer son cap. On parle de *boussole* à terre et de *compas* en mer.

Dans le Grand Nord, les forces du champ magnétique sont verticales (forte inclinaison), si bien que l'aiguille aimantée de la boussole, traversée de haut en bas par ces forces, est totalement désorientée.

Au cours de mon expédition au pôle Nord géographique en 1986, je n'avais pas emporté de boussole, je m'orientais avec le soleil.

Le champ magnétique terrestre provient des mouvements de convection du magma à l'intérieur du noyau en fusion de la Terre. Nombre d'inconnues demeurent encore sur le magnétisme terrestre. Pourquoi y a-t-il eu dans le passé géologique des inversions des pôles magnétiques ?

Vendredi 31 mai 2002

Nuages en altitude. Quelques belles éclaircies.
12 TU.
N 88° 06 050.
E 12° 20 270.
V 5 N.
T – 2 °C.
Hu 85 %.
P 1 017.

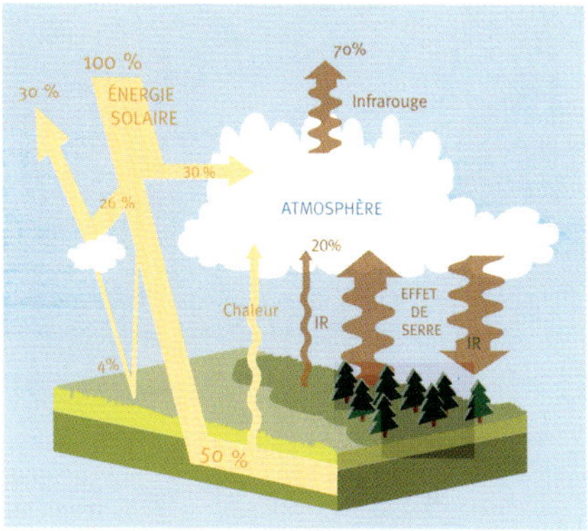

J'ai entendu sur une radio africaine que le Sénégal avait battu la France, un grand moment de bonheur. Je vous invite à suivre certains matchs sur les ondes africaines : « y a d'la joie ». C'est un juste retour des choses ; combien d'Africains ont contribué à la gloire de l'équipe de France ?
Autre nouvelle importante de la semaine, la signature par les Européens du protocole de Kyoto. Il sera malheureusement difficile d'obtenir l'adhésion des Américains qui, en « maîtres du monde », veulent toujours garder les mains libres.
Ils avaient eu la même attitude lors du traité de l'Antarctique, se réservant le droit d'exploiter les matières premières du pôle Sud.
Le plus regrettable est que les États-Unis, le pays le plus puissant et le plus pollueur, désavoue à la face du monde une mesure environnementale très importante. Pendant ce temps, la Chine a doublé ses exportations de charbon, les centrales thermiques se multiplient.
Le réchauffement climatique est une réalité, le processus est enclenché, et nul n'en connaît les conséquences. Dans ce domaine, notre civilisation est comme un troupeau de bisons lancé vers une falaise dont on ignore à quelle distance elle se trouve, et nous savons pertinemment qu'il est illusoire de vouloir ralentir la masse en demandant à chacun de courir moins vite. Les initiatives individuelles seront insuffisantes : l'avenir repose sur les résolutions énergiques des États et des grandes entreprises, et la menace sur le climat n'est qu'une face du problème.
Elle soulève une grande interrogation : quelle sera la source d'énergie qui succédera aux énergies fossiles, quelle alternative au nucléaire dont nous connaissons les risques et les limites ?
C'est un défi palpitant pour plusieurs générations de chercheurs et d'ingénieurs. La réponse devra être trouvée pour la seconde moitié du siècle.
D'ici là, où se sera rendu le troupeau de bisons ?

L'effet de serre : un phénomène naturel

L'effet de serre est un phénomène naturel par lequel une partie du rayonnement solaire est piégée dans l'atmosphère, maintenant ainsi une température viable à la surface de la Terre. Suivons le trajet des rayons du soleil pour comprendre. En arrivant dans la très haute atmosphère terrestre, 30 % des rayons sont réfléchis et repartent dans l'espace. Parmi les 70 % qui entrent et qui se dirigent vers le sol, une partie est absorbée par la vapeur d'eau, les nuages et les particules en suspension dans l'air (aérosols). Au final, 50 % du rayonnement solaire initial arrive à la surface de la Terre et la réchauffe. Cette chaleur est de nouveau émise vers le ciel (rayonnement infrarouge), et c'est là que l'effet de serre commence. Il est le fait de quelques gaz (principalement le gaz carbonique, le méthane, les oxydes d'azote) et de la vapeur d'eau qui vont faire barrage, et renvoyer une part de cette chaleur vers le sol.
Ils agissent comme une vitre transparente qui laisse passer les rayons du soleil dans une pièce mais ne laissent pas sortir la chaleur. Ces gaz à effet de serre maintiennent ainsi une température moyenne de 15 °C à la surface de la Terre. Sans eux, toute la chaleur repartirait vers l'espace et il ferait – 18 °C, notre planète serait couverte de glace et la vie n'aurait jamais existé.
Ces gaz qui régulent le thermostat du climat sont d'une redoutable efficacité car ils agissent à l'état de trace (c'est-à-dire à très faible concentration) ;
ils représentent 0,05 % de la composition de l'atmosphère.
C'est la raison pour laquelle on s'inquiète, à juste titre, de leur production croissante.

Samedi 1er juin 2002

Temps magnifique. Ciel bleu.
12 TU.
N 88° 04 409.
E 12° 13 040.
V nul.
T – 5 °C.
Hu 84 %.
P 1 019,8.

Il y a plusieurs semaines que le ciel n'avait pas été aussi pur. Les nuages se sont dissipés pendant mon sommeil. C'est le régulateur de batterie qui m'a réveillé avec ses coups de gong annonçant un trop-plein de charge – les panneaux solaires produisaient 11,2 ampères ! L'autre indice était la chaleur dans la capsule : 17 °C sans chauffage alors qu'il faisait – 6 °C dehors. La couleur noire du *Polar Observer* produit l'effet escompté : elle capte les rayons du soleil.
Il me fallait recaler le nord de la girouette, descendre un hameçon à 500 mètres et faire sécher le morceau de viande de phoque qui est maintenant décongelé. Tout cela, qui représente pourtant si peu, m'a pris une bonne partie de la journée : aller et venir dans un carré de 50 mètres pour un clou qui manque, un bout de corde, une pince, une clé de dix, remplir la gamelle de neige… Lynet, que j'avais détaché, m'emboîtait nonchalamment le pas, pour finalement s'allonger devant mes apparentes indécisions. Rien ne me pressait, j'ai donc pris tout mon temps. Ce soir, en examinant le ciel pour deviner le temps de demain, j'ai l'impression d'avoir pris le rythme des paysans d'autrefois, qui traversaient la cour de la ferme cent fois par jour pour apporter les épluchures aux lapins, une poignée de graines aux poules, cueillir une salade au jardin, ramasser les œufs, rafistoler le grillage du poulailler. J'ai pris conscience du plaisir que j'avais à faire lentement toutes ces choses sans importance mais pourtant indispensables.
La pêche n'a rien donné et la girouette indique que le vent est en train de s'établir au sud, à croire que le pôle voudrait encore me retenir près de lui.

Dimanche 2 juin 2002

Temps couvert, humide, *white-out* total.
12 TU.
N 88° 05 886.
E 12° 13 900.
V 25 SE.
T 0 °C.
Wcf – 6 °C.
Hu 96 %.
P 1 015,7.

Je ne ferai plus de longues variations sur le vent, puisqu'il semble maintenant n'en demeurer qu'un, le vent du sud qui me fait remonter inexorablement vers le pôle. Celui du nord n'est qu'un souffle léger qui amène l'air froid et un ardent soleil, puis s'évanouit comme s'il avait accompli son devoir : nettoyer le ciel.

Cette journée de mauvais temps a été l'occasion de m'atteler à quelques tâches ménagères : lessive, nettoyage et rangement. Mon visage s'est reposé des brûlures du soleil d'hier. Le rayonnement ultraviolet est très intense sur la neige, car on reçoit à la fois les rayons directs et réfléchis.

Je lis lentement, comme on déguste un bon vin, un livre que j'adore : *La Plante, leçons à mon fils sur la botanique*, de Jean-Henri Fabre, célèbre entomologiste. C'est un ouvrage de pédagogie végétale, écrit en 1876 par un explorateur naturaliste émerveillé par les mystères de la vie.

Lundi 3 juin 2002

Couvert, *white-out*, violent vent du sud.
12 TU.
N 88° 08 606.
E 13° 41 229.
V 35 SW.
T + 1 °C.
Wcf – 6 °C.
Hu 97 %.
P 1 010,5.

Lundi triste sur la banquise. Le vent du sud atteint des records de vitesse, avec des pointes à 55 km/h.
Je ne cesse de perdre du terrain. La visibilité est nulle. Je me suis activé pour défier l'adversité du temps : bathysonde à 800 mètres, changement de filtres à pollen, positionnement du photomètre.
Je m'interroge sur la taille de mon radeau de banquise. Par analogie, imaginons la France comme un puzzle de départements flottant sur l'eau, soumis à des régimes de vent différents selon les régions. On verrait alors les départements se déplacer par petits groupes, certaines limites départementales s'ouvrir, se séparer, ouvrant des chenaux d'eau, d'autres au contraire se heurter, se chevaucher, créant des crêtes de compression.
La banquise fonctionne ainsi à l'échelle de l'océan Arctique, grand comme l'Europe et les États-Unis réunis. Si j'en juge par les séparations et les compressions que j'ai vues se former autour de moi, le département sur lequel je suis fait à peine quelques hectares, mais me paraît encore bien solide.

Ma chère Elsa,

Il est minuit et cette bourrique d'Éole souffle toujours comme un forcené dans le trombone à l'envers, et il a du coffre le bougre. Je m'éloigne de plus en plus du point de récupération mais il ne faut pas s'inquiéter, avec ce qui me reste de gaz et d'hydrogène je dois pouvoir faire une fusée.

Je t'embrasse,
Jean-Louis.

Mardi 4 juin 2002

Temps couvert. Il pleut !
12 TU.
N 88° 11 784.
E 15° 42 960.
V 20 S.
T + 1 °C.
Wcf – 4 °C.
Hu 99 %.
P 1 004,4.

Je n'en croyais pas mes oreilles, et c'était pourtant bien des gouttes qui cognaient ce matin, d'un claquement sec, sur les parois du *Polar Observer*. Dehors, le vent n'avait pas faibli, le temps était gris, couvert, sans relief. Le ruissellement de la pluie sur les hublots de la capsule me rappelait l'ambiance du tarmac une journée d'hiver sous la pluie. J'en voulais à cette averse qui banalisait subitement l'aventure, et me confisquait « l'inaccessibilité du pôle ». Même la pluie pouvait maintenant y venir. Un instant, ma fierté me poussa à imaginer que je vivais quelque chose d'exceptionnel dont j'étais l'observateur privilégié en cette période de perturbation climatique. Je sortis l'atlas météorologique, une compilation de vingt ans d'observations russes et américaines sur le secteur. Les précipitations neigeuses étaient mentionnées mais jamais il n'était question de pluie.
Je devais me faire à l'idée qu'il puisse pleuvoir au pôle à cette saison où une température de + 1 °C n'est pas exceptionnelle.
Je sortis pour me « laver » les idées ; il faisait gris, tiède et humide. Lynet, qui s'était mis à l'abri, sortit de sa niche et s'étira comme après une bonne nuit. Je me plaignis à lui : « Sale temps, mon chien. » Il remua la queue, la grisaille n'avait pas l'air d'avoir sur lui le moindre effet.
« Tu ne le sais pas, Lynet, mais ce vent du sud nous éloigne de la maison, il est du Spitzberg. »
Mais rien ne pouvait perturber sa joie de me retrouver le matin. Il faut dire que c'est l'heure de son petit morceau de camembert. Il le goba comme d'habitude et vint se frotter contre moi pour échanger quelques caresses. En toutes circonstances, les animaux sont d'une humeur égale qui force mon admiration.
Ils comprennent toutes les langues, car ce n'est pas les mots qu'ils entendent, mais l'attente ou l'intention de leur maître.

La fonte des glaces et le niveau des océans

La glace d'eau douce

Il est prouvé que 80 % de l'eau douce de la Terre est gelée dans les glaciers des montagnes et les calottes polaires, du Groenland dans l'hémisphère nord et de l'Antarctique dans l'hémisphère sud. Tous ces glaciers et ces calottes ne sont pas des masses inertes, ils avancent. Les glaciers descendent vers les vallées où ils fondent et grossissent les torrents de montagne ; la glace fondue est renouvelée en altitude par l'accumulation de précipitations neigeuses. Les calottes glaciaires du Groenland et de l'Antarctique, véritables continents gelés, débordent de toutes parts vers la mer. Des glaciers géants mettent à l'eau des icebergs accidentés, plus ou moins volumineux : les glaciologues parlent de « vêlage ». À certains endroits de l'Antarctique, la calotte glaciaire se prolonge sur la mer, formant de véritables plates-formes de glace flottante d'où se détachent les fameux icebergs tabulaires (plats comme une table).
Aujourd'hui, la fonte des glaces est un signe indiscutable de réchauffement. Depuis deux siècles, on constate une régression quasi générale des glaciers de montagne : il suffit de regarder des tableaux anciens ou de vieilles photos pour s'en apercevoir. Le bilan de glace du Groenland et de l'Antarctique est plus difficile à apprécier. Il est suivi depuis une décennie par les satellites d'observation de la Terre et il faudra encore un peu de temps pour donner des appréciations pertinentes.
Il n'est pas dit que le réchauffement climatique entraîne la fonte de ces continents de glace, dont les températures moyennes sont très basses ; on assisterait plutôt dans un premier temps à une augmentation des précipitations de neige, mais tout cela reste encore incertain. En revanche, on assiste depuis une dizaine d'années à la rupture de

plates-formes glacières qui libèrent périodiquement des icebergs tabulaires géants, grands comme le Luxembourg ou la Corse. La multiplication de ces phénomènes spectaculaires, révélés par les satellites, est inquiétante. S'il s'avère que le réchauffement climatique entraîne un bilan de glace négatif des calottes polaires, alors la fonte des glaciers et le vêlage des icebergs participeront à la montée du niveau de la mer, déjà amorcée par la dilatation des eaux chaudes à la surface des océans. Les calculs montrent que si toutes les glaces fondaient, le niveau de la mer monterait de 80 mètres ! D'ici là, l'Homme aura peut-être fait d'autres bêtises.

La glace de mer

La banquise recouvre l'océan Arctique autour du pôle Nord et les côtes de l'Antarctique en hiver, jusqu'à 500 km au large. Dans les deux hémisphères, la banquise fond partiellement en été et se reforme en hiver. Comme il s'agit de glace constituée d'eau de mer, la fonte de la banquise n'élève pas le niveau de l'océan. La diminution de sa surface aurait néanmoins des conséquences sur l'équilibre climatique.

Mercredi 5 juin 2002

Couvert le matin. Beau l'après-midi avec un vent d'ouest.

12 TU.
N 88° 12 444.
E 16° 23 696.
V 15 NW.
T – 3 °C.
Wcf – 8 °C.
Hu 92 %.
P 1 001.

Il a émergé de la brume comme un boomerang venant d'un autre monde : un oiseau de mer !
J'étais aux anges. Tournant lentement autour du camp comme un marin qui cherche où jeter l'ancre, j'ai cru qu'il allait faire escale. Mais en quelques battements d'ailes, il s'est fondu dans le gris du ciel. La visibilité n'était pas bonne et notre rencontre trop brève pour que je réussisse à l'identifier. Sa visite sur la lointaine banquise témoignait de la présence de nombreuses zones d'eau libre où il avait trouvé à se nourrir.
Cet après-midi, le vent d'ouest lavait le ciel, amenant un air frais, vivifiant. Je me suis mis en devoir de trouver une solution pour mesurer l'épaisseur de la glace. Je suis revenu au trou que je perforais régulièrement avec la tarière perdue, et j'ai attaqué au pic à glace. Après une heure, j'étais à 1,20 m (la moitié). J'ai emmanché le support de la girouette à pollen au bout de la barre à mine, et j'ai piqué encore une heure pour atteindre l'eau, épuisé mais récompensé de mes efforts : la glace fait invariablement 2,35 m d'épaisseur.
J'étais en train de plier le matériel quand un oiseau de mer m'a survolé de très près, un magnifique goéland sénateur ivoire, au plumage immaculé, ses deux pattes noires repliées sous son ventre. Était-ce le même que ce matin ? Il s'est posé sur un bloc de glace pas très loin de moi. Il m'a laissé approcher à une dizaine de mètres. Sa confiance était un cadeau magnifique. Quand je me suis relevé, il s'est envolé vers le sud.

Jeudi 6 juin 2002

Alternance de belles éclaircies et de nuages à basse altitude.
12 TU.
N 88° 09 862.
E 16° 52 210.
V 10 SW.
T – 2 °C.
Wcf – 6 °C.
Hu 81 %.
P 1 005,3.

Formation d'un pied d' estal sous le Polar Observer.

La neige se transforme à grande vitesse. La croûte de surface durcie par le gel ne porte plus mes pas qui s'enfoncent de trente centimètres jusqu'à la glace dure, rendant la marche pénible. Tout objet posé sur la neige descend petit à petit car il capte le rayonnement du soleil et la fait fondre autour de lui. Il m'a fallu remettre à niveau les instruments d'optique atmosphérique dont les pieds, engloutis par la neige, descendent inégalement. En montant à l'observatoire, je me suis rendu compte que les haubans étaient mous, signe que le pied s'est lui aussi enfoncé. Il a suffi de quelques tours de ridoir pour les retendre.
En cette période de réchauffement, tout s'enfonce, sauf le *Polar Observer* qui, paradoxalement, se trouve perché sur un piédestal de glace de quinze centimètres de hauteur. Cela vient de l'inclinaison vers l'intérieur de ses bords inférieurs qui renvoient la chaleur au pied de la capsule. Je m'en suis aperçu il y a deux semaines, mais la situation change très vite. Rien d'inquiétant, mais si ça évolue je vais devoir le déplacer de quelques mètres avant qu'il ne s'incline dans une position inconfortable.
Tout se fissure, se craquelle, de nouveaux chenaux d'eau apparaissent. Où la banquise n'est pas très épaisse, la glace de surface commence à fondre.
L'été arrive, un oiseau de mer est revenu me le dire.

Fonte de la glace à la surface de la banquise.

Vendredi 7 juin 2002

Beau temps. Voiles d'altitude. Brumes d'évaporation éparses.
12 TU.
N 88° 08 144.
E 16° 12 932.
V 3 NE.
T – 4 °C.
Wcf – 5 °C.
Hu 87 %.
P 1 005,8.

Sans un souffle d'air, la banquise a retrouvé son silence lunaire. Je suis parti sous le soleil faire une grande promenade, explorer ce qu'il y a plus loin.
Franchir les crêtes de compression donnait l'impression de passer d'une vallée à l'autre, de découvrir de nouveaux paysages jamais visités par l'Homme. Sous une apparente uniformité, chaque ligne de crête, chaque bloc de glace, chaque espace est singulier et mon regard, aujourd'hui familiarisé, apprécie les nuances. Je me suis promené le long des rivières d'un jour qui serpentent sur ce chaos primitif. Rien ne me pressait et je sentais mon esprit s'alléger, se libérer de la « quincaillerie » qui l'encombre, puis s'effacer par moments devant tant de beauté. Je fus quelques secondes le Petit Prince d'une planète éphémère.

Samedi 8 juin 2002

Beau temps le matin, nuages en fin de matinée.
Couvert l'après-midi.
12 TU.
N 88° 04 965.
E 15° 36 570.
V 10 NW.
T – 4 °C.
Wcf – 9 °C.
Hu 85 %.
P 1 008,4.

Dimanche 9 juin 2002

Beau temps le matin. Nuageux l'après-midi. Neige en soirée.
12 TU.
N 88° 01 637.
E 16° 13 357.
V 15 SW.
T – 3 °C.
Wcf – 8 °C.
Hu 89 %.
P 1 010,8.

Les chiens esquimaux

Huskies, malamuts, groenlandais, tous ces chiens de race polaire furent mes robustes compagnons pour les traversées du Groenland et de l'Antarctique. Ils m'ont toujours fasciné par leur enthousiasme à vouloir tirer le traîneau des heures durant, par tous les temps. Le soir, après une journée de dur labeur, ils dévorent de leurs puissantes mâchoires des blocs de rations congelées, dures comme du roc, avant de se lover sur eux-mêmes pour une nuit glaciale. Sur ces calottes polaires où le vent ne cesse jamais, la neige soufflée leur fait un igloo sur mesure. Le matin, on découvre des tas de neige d'où émerge çà et là le point noir de la truffe. Ces images de chiens dormant dehors par des températures extrêmes sont réfrigérantes, mais si l'on glisse la main sous la neige qui les recouvre, on sent bien la chaleur emprisonnée sous cet édredon blanc. Il m'est arrivé de construire des murs pour les protéger du vent les jours de tempête sur ces étendues glacées. Mais le matin, j'étais toujours étonné de les voir dormir sur les blocs de glace ou au vent de l'abri et j'ai abandonné. Ces chiens ont un organisme adapté au climat polaire et passent tout l'hiver dehors. Dès la fin du printemps, quand la

La température est descendue dès que le vent s'est orienté à l'ouest, apportant des masses d'air froid du Groenland et du Grand Nord canadien. La banquise a renoué avec l'ambiance polaire et je me sens beaucoup mieux. Lynet a retrouvé ses marques : il dort de nouveau dehors, en posture polaire, enroulé sur lui-même, la truffe enfouie sous les poils de sa queue. En fait, Lynet entre dans sa niche depuis qu'il fait plus doux, sûrement pour se protéger du rayonnement solaire. J'ai bien senti en le caressant la chaleur emmagasinée dans ses poils au moindre rayon de soleil ; dans ce cas, il se hérisse pour laisser passer davantage d'air. Quand il a vraiment trop chaud, il pose sur la neige sa langue bleuie par un afflux de sang, et il halète pour évacuer le trop-plein de chaleur de son corps.

température s'approche de 0 °C, ils commencent à souffrir du chaud. Allongés sur le ventre à même la neige, ils halètent, langue pendante, pour évacuer la chaleur. C'est l'époque de la mue. La bourre épaisse qui les protège du froid part en lambeaux épais, et ces puissantes bêtes de trait paraissent toutes maigres dans leur toison d'été. Il faut alors réduire leur ration alimentaire. Ces chiens rudes et sauvages sont d'une générosité très touchante, montrant leur attachement et leur tendresse quand on a appris à les côtoyer. Ils m'ont beaucoup donné.

Lundi 10 juin 2002

Beau temps. Brumes passagères. Quelques nuages l'après-midi.

12 TU.
N 87° 58 520.
E 16° 48 070.
V 15 NW.
T – 4 °C.
Wcf – 9 °C.
Hu 92 %.
P 1 011.

Le pollen au pôle Nord

Le pollen d'une fleur est la « semence mâle » qui se développe dans un sac pollinique placé à l'extrémité de l'étamine. À maturité, ces sacs s'ouvrent à l'air et le pigment jaune (pollen) va féconder le pistil d'une fleur femelle.
Les principaux vecteurs de dispersion du pollen sont le vent, les insectes, l'eau et les oiseaux.
La pollinisation est facile à observer chez les insectes ; l'abeille, qui plonge au cœur de la fleur pour se nourrir du nectar, ressort le dos et les pattes couverts de cette poudre jaune fertile qu'est le pollen. En butinant d'une fleur à l'autre, elle colportera les cellules mâles fécondantes.
Le vent participe aussi à la dissémination de la semence, transportant des nuages de poussière jaune envolés d'un arbre ou d'un champ en floraison. Certains de ces grains, pris dans des courants d'air, vont s'élever en altitude et entrer dans la circulation générale de l'atmosphère.
Ils seront déposés quelquefois à plusieurs milliers de kilomètres de la zone d'origine en raison de l'affaiblissement du vent et des précipitations.
Denis-Didier Rousseau, de l'Institut des sciences de l'évolution du CNRS à Montpellier, utilise les pollens comme traceurs, pour suivre les mouvements des masses d'air autour de la Terre.
Le travail consiste à placer des filtres sur une girouette qui les situe à la perpendiculaire du vent. Ces filtres sont changés régulièrement toutes les semaines ou les quinzaines d'exposition, suivant un standard adopté par la communauté scientifique internationale, autorisant des comparaisons en tout point du globe. La confrontation des résultats permet alors de suivre les masses d'air autour de la planète.

Ce fut une belle journée de mer. En début d'après-midi, alors que je réglais la verticalité du photomètre, un guillemot à miroir est passé : corps noir, taches blanches, pattes rouges, facilement reconnaissable. Il a fait quelques tours d'un vol battu rapide, de toute évidence un oiseau pressé. Il a continué sa route en direction du Groenland.
Comme tous les palynologues, le lundi, j'ai changé les filtres et je suis allé jeter un coup d'œil sur le chenal du nord, rouvert. Une magnifique voie de navigation de 10 mètres de large s'étendait d'est en ouest à perte de vue. Mû par une envie soudaine de naviguer, je suis revenu au camp chercher ma petite embarcation. Après l'aménagement d'un embarcadère solide, je glissai mon youyou à l'eau et, en quelques coups d'avirons, je me retrouvai au milieu du fleuve. C'était tellement étrange qu'il me semblait naviguer dans l'azur entre d'immenses nuages blancs. Une mouette sortie du ciel passa à plusieurs reprises tout près de moi, en rasant la surface de l'eau. J'étais traversé par des frissons d'émoi. Lynet, qui ne m'avait pas suivi dans cette intrépide aventure, s'approcha lentement du bord et semblait vouloir me rejoindre. Il posa une patte sur la fine couche de glace accrochée à la berge, qui se rompit, et son corps bascula dans l'eau glacée. Je vis tout de suite à ses yeux qu'il était paniqué. Il se mit à nager vers moi puis fit demi-tour vers le bord qu'il agrippa de toutes ses griffes. Les blocs surplombant la berge l'empêchaient de remonter. Ses ongles crissaient sur la glace et il se mit à geindre. J'eus à ce moment l'impression que j'allais le perdre. Je m'activai jusqu'à lui en lançant des paroles d'encouragement. Subitement, poussé par un instinct de survie, il se mit à escalader la glace de toute la force de ses quatre pattes. Aussitôt dehors, il a regagné la maison à toute allure. Quand je suis arrivé au camp, il m'attendait comme d'habitude, assis près de sa niche. Il est venu vers moi en rasant le sol comme un animal qui a quelque chose à se faire pardonner. Je lui ai dit des paroles rassurantes en le caressant, combien j'étais fier de lui, et il s'est mis à me lécher comme il ne l'avait jamais fait. Ce soir, son poil est encore mouillé, il fait – 11 °C et il dort en plein vent. J'admire ces chiens.

Mardi 11 juin 2002

Temps couvert. Nuages d'altitude. Neige par moments.
12 TU.
N 87° 53 570.
E 16° 34 327.
V 25 NW.
T – 2 °C.
Wcf – 8 °C.
Hu 94 %.
P 1 008,9.

Le programme éducatif en partenariat avec l'Éducation nationale concerne un grand nombre d'établissements. L'état de la pollution est, parmi toutes les questions, celle qui m'est le plus fréquemment posée.
Sur la banquise, on ne trouve pas trace de notre civilisation, tout est encore blanc, vierge, pur en apparence. Mais les scientifiques découvrent les signes d'une pollution plus insidieuse, microscopique, dans l'organisme des animaux polaires. L'ours, qui est au sommet du réseau alimentaire, concentre dans son organisme tout ce qui a transité par les proies intermédiaires : plancton, poissons, phoques. Les analyses révèlent la présence de pesticides et de métaux lourds dans le sang, la graisse et le lait des ours. Cette pollution est apportée par les grands fleuves qui se déversent dans le Bassin arctique – l'Ob, l'Ienisseï, la Lena, le Mackenzie – et les aérosols transportés par les masses d'air. Les vents qui soufflent sur les plaines agricoles et les zones industrielles entraînent les polluants dans l'atmosphère, qui les disperse tout autour du monde. Ce sont, entre autres, ces aérosols que mesure le photomètre.
La population d'ours blancs est en recrudescence depuis l'interdiction de la chasse, en 1973, dans tous les pays de la circonférence polaire. Mais la réduction de la surface de la banquise – leur terrain de chasse – et la pollution constituent une menace plus pernicieuse et dévastatrice sur le long terme.
À propos d'ours, j'aimerais bien avoir la visite de l'un d'entre eux avant la fin de la dérive.

L'atmosphère, une fine couche d'air

L'air est devenu irrespirable, l'effet de serre ne cesse de s'aggraver, le trou dans la couche d'ozone est loin de se refermer... Les nouvelles de l'atmosphère sont mauvaises. L'air est malade et il faut s'en soucier ; sans lui la vie sur notre planète ne serait pas possible, pour deux raisons essentielles : l'atmosphère apporte l'oxygène que nous respirons, et elle crée autour de la Terre une enveloppe protectrice grâce à deux phénomènes, l'effet de serre et le bouclier de protection.

L'effet de serre, conservation de la chaleur du soleil

À la surface de la Terre, l'air agit comme une vitre qui laisse passer les rayons du soleil et empêche la chaleur de repartir – c'est l'effet de serre, bien connu des maraîchers qui s'en servent pour protéger leurs cultures. L'effet de serre est donc un phénomène naturel indispensable à la vie. Sans cela, la température à la surface de la terre serait très froide (– 18 °C), il n'y aurait ni eau liquide, ni plantes, ni animaux, aucun être vivant. Aujourd'hui on parle de réchauffement climatique car l'effet de serre est amplifié par tous nos dégazages : gaz carbonique, émanations industrielles, méthane de fermentation et autres aérosols.

Le bouclier de protection

L'air est un filtre qui arrête tous les rayons dangereux. Le plus connu de ces filtres est la couche d'ozone, ce gaz rare de la haute atmosphère qui arrête certains ultraviolets toxiques pour les cellules vivantes (à ne pas confondre avec l'ozone de la basse atmosphère, produit par les pollutions urbaines). L'atmosphère nous protège aussi de toutes les particules qui traversent le cosmos et qui nous tomberaient dessus si elles ne se désintégraient pas dans l'air : la plus belle illustration en est l'étoile filante.

Mercredi 12 juin 2002

Temps couvert, nuageux, *white-out*.
12 TU.
N 87° 46 945.
E 15° 35 492.
V 30 NW.
T – 1 °C.
Wcf – 8 °C.
Hu 92 %.
P 1 009,7.

Le vent du nord-ouest a relancé la dérive dans le bon sens. Non seulement je descends vers le sud, mais je reviens aussi lentement vers l'ouest, ce qui me rapproche de la route idéale (10° E) sur laquelle le brise-glace viendra me récupérer dans trois semaines. Si l'on suit attentivement ma dérive ces deux derniers jours, on constate qu'elle n'est pas parallèle à la direction du vent : elle trace un angle compris entre 35° et 45° vers la droite. L'explorateur norvégien Nansen avait déjà remarqué ce phénomène lors de la première dérive arctique, à bord du *Fram*, de 1893 à 1896. L'explication est maintenant connue : la direction des courants de surface est la résultante de deux phénomènes, la viscosité des couches d'eau entre elles (forces d'Ekman), et surtout la force de Coriolis.
Ces forces s'appliquent à la banquise en mouvement à la surface de l'océan, si bien qu'elles m'entraînent à 45° à droite de la direction du vent : je fais du sud avec un vent de nord-ouest.

Sous ma loupe, le krill s'est voracement attaqué au copépode.

La force de Coriolis

La force de Coriolis provient de l'action de la rotation de la Terre sur tout corps en mouvement. Dans l'hémisphère nord, toute masse ou tout fluide (vents, courants océaniques) en mouvement à la surface du globe voit sa trajectoire déviée vers la droite. À l'inverse, dans l'hémisphère sud, la déviation se fait vers la gauche.
Il y a de nombreuses illustrations de la force de Coriolis : elle est fondamentale en climatologie car elle oriente la direction des vents autour des dépressions et des anticyclones, et dévie vers l'Europe le courant du Gulf Stream qui amène des températures clémentes sur nos côtes atlantiques en hiver, alors qu'à la même latitude l'hiver est rigoureux au Québec. La force de Coriolis est devenue populaire pour des histoires d'écoulement de lavabo à droite ou à gauche selon l'hémisphère.

Jeudi 13 juin 2002

Temps couvert. *White-out.* Légère éclaircie en fin de journée.
12 TU.
N 87° 40 007.
E 14° 31 767.
V 20 N.
T – 4 °C.
Wcf – 4 °C.
Hu 96 %.
P 1 005,2.

Il y a deux mois que je dérive et il me faut abandonner l'idée de manger du poisson frais : ça ne mord pas du tout à l'hameçon, quelle que soit la profondeur. Fort heureusement, je ne comptais pas dessus. Mes repas sont composés d'excellents plats cuisinés, concoctés par Fleury Michon (blanquette de veau, canard au poivre, petit salé aux lentilles, coquilles Saint-Jacques aux cèpes, et charcuterie), que j'accompagne de fromages (camembert, roquefort), de fruits secs, de céréales, de chocolat, de biscuits complets biologiques, de thé et d'autres petits ingrédients qui agrémentent le goût des plats : câpres, moutarde à l'ancienne, cornichons, huile d'olive, etc.

Il ne manque à cette très bonne intendance qu'un peu de nourriture fraîche – animale ou végétale – qui apporterait le minimum requis quotidien de vitamine C. Cette vitamine est très fragile car elle s'oxyde très facilement. J'aurais pu produire ce complément vitaminique en faisant germer des graines dans le *Polar Observer* qui est une serre parfaite. J'y ai pensé plusieurs fois pendant la préparation de l'expédition, mais l'idée m'est sortie de la tête.

Les plantes ont besoin de lumière, d'eau et de quelques sels minéraux – qu'elles trouvent dans la terre – pour se développer. Aujourd'hui, de nombreuses cultures sont faites hors sol, sous des serres chauffées où les plantes poussent dans des bacs de graviers où circule une eau enrichie des nutriments nécessaires à leur croissance. Les salades calibrées et sans la moindre trace de terre que l'on trouve aujourd'hui dans les rayons des magasins sont cultivées ainsi : c'est la culture hydroponique.

À défaut de pêche, de chasse et de culture hydroponique, je prends tous les jours un comprimé de 500 milligrammes de vitamine C qui couvre largement mes besoins.

Les Esquimaux et la vitamine C

La vitamine C, l'acide ascorbique, est indispensable à la vie. Elle intervient dans toutes les fonctions de l'organisme. L'Homme ne la synthétise pas et dépend totalement des apports nutritionnels. On la trouve essentiellement dans les produits frais, les fruits, les légumes et les abats. Elle s'oxyde très facilement, si bien qu'elle est très fragile à l'air. Cette avidité pour l'oxygène est utilisée comme agent de conservation, contre le rancissement des graisses. La carence en vitamine C provoque le scorbut (*ascorbique* signifie « contre le scorbut »), tant redouté des premiers explorateurs polaires – beaucoup en mouraient. Les Inuits ne souffraient pas du scorbut car ils étaient des « esquimaux », terme qui signifie « mangeurs de viande crue », et la vitamine C est abondante dans les muscles des animaux, les abats et les yeux, qu'ils mangeaient sur la bête tout de suite après la chasse. Il m'est arrivé, sur la côte ouest du Groenland, d'assister à ces scènes familiales autour d'un phoque fraîchement tué. Je me souviens que les yeux étaient un morceau de choix, ce qui n'est pas étonnant quand on sait que les tissus de l'œil sont parmi les plus riches en vitamine C. Dans bien des domaines, l'expérience et l'instinct des peuples primitifs ont souvent précédé les découvertes scientifiques.

Vendredi 14 juin 2002

Temps couvert, rafales de vent violent. Pas de visibilité.
12 TU.
N 87° 37 229.
E 11° 44 800.
V 30 NE.
T – 1 °C.
Wcf – 8 °C.
Hu 93 %.
P 1 015,8.

Norilsk, grand centre minier de Sibérie.

Quand la Terre se réchauffe, c'est la glace qui « trinque ». En un demi-siècle, la banquise de l'océan Arctique sur laquelle je me trouve a perdu 40 % de son épaisseur et 6 % de sa surface, ce qui est considérable.
Les détracteurs du réchauffement climatique s'imaginent par ignorance que les fumées d'usine et autres gaz d'échappement sont dérisoires par rapport à l'immensité de l'atmosphère. Or, d'une part, l'atmosphère est une très fine couche d'air ; d'autre part, si l'atmosphère terrestre n'était constituée que d'azote (78 %), d'oxygène (21 %) et d'argon (0,9 %), soit 99,9 % de sa composition, la vie n'existerait pas. On la doit à ce petit 0,1 % de gaz carbonique, méthane et quelques autres gaz qui, avec la vapeur d'eau, maintiennent une température viable à la surface de la Terre. C'est l'effet de serre naturel indispensable à la vie.
Ces chiffres illustrent que l'effet de serre est produit par une infime partie de l'atmosphère. Ils expliquent aussi pourquoi la pollution atmosphérique a une incidence rapide à l'échelle planétaire : le réchauffement climatique. Depuis un siècle, l'accélération de la démographie et de la consommation mondiale sous toutes ses formes place l'Homme en surpuissance par rapport aux équilibres naturels, si bien que l'on peut dire qu'il est devenu un acteur du climat.
La banquise n'est pas seulement indispensable à la vie dans le Grand Nord. Elle est indispensable à l'équilibre du climat de la Terre.

L'Homme, acteur du climat

Le réchauffement climatique est aujourd'hui au cœur des débats (protocole de Kyoto). Il est dû à l'émission massive de gaz à effet de serre par les activités humaines.

- Le gaz carbonique est le principal facteur du réchauffement climatique. Il provient de la combustion des énergies fossiles (charbon, pétrole et, dans une moindre mesure, gaz), qui couvrent encore 90 % des besoins en énergie de l'humanité ! La déforestation et l'industrie des ciments sont les deux autres facteurs de production de dioxyde de carbone (CO_2).
- Le méthane, autre gaz à effet de serre, provient de la fermentation des zones humides, des rizières et du transit gastro-intestinal du bétail. Il est émis en concentration plus faible, mais son pouvoir d'absorption des infrarouges est cinquante-huit fois plus puissant que celui du gaz carbonique.
- Les CFC (chlorofluorocarbones), utilisés comme gaz propulseurs dans les bombes aérosols, sont responsables de la destruction de la couche d'ozone ; ils participent à l'effet de serre avec un pouvoir absorbant pour les infrarouges quinze mille fois supérieur à celui du CO_2. Leur production est soumise à restriction depuis le protocole de Montréal de 1987, mais ces produits ont une durée de vie de près d'un siècle dans l'atmosphère.
- Les protoxydes d'azote (NO_2), provenant de la consommation des engrais azotés, sont deux cents fois plus puissants que le gaz carbonique.

Tous ces gaz ont une longue durée de vie, si bien que nos actions d'aujourd'hui auront des répercussions sur le climat que connaîtront les générations futures.
L'histoire du climat révèle que la Terre a connu des périodes plus chaudes, mais jamais la composition de l'atmosphère n'a varié aussi rapidement. Le réchauffement climatique est enclenché, on peut parler d'« accident climatique de l'humanité ». L'Homme doit en tirer les conséquences.

Samedi 15 juin 2002

Temps couvert. Pluie par moments. Éclaircies passagères en fin d'après-midi.

12 TU.

N 87° 30 212.

E 9° 23 040.

V 35 NNE.

T – 1 °C.

Wcf – 8 °C.

Hu 93 %.

P 1 010,1.

Une minitornade m'a réveillé dans la nuit.
Sur mon carnet de bord, j'ai noté que le vent devenait « râpeux », un mot qui m'est venu spontanément dans un demi-sommeil. Pour la première fois, j'ai senti le *Polar Observer* vibrer, des vibrations sourdes qui entraient en résonance avec le grondement des rafales. Allongé sur le plancher, j'avais l'impression que la capsule se déplaçait par petits bonds successifs vers le bord de son piédestal de glace – il fait maintenant vingt centimètres de hauteur. Réflexe de marin, je me suis assuré que rien ne dégringolerait si je gîtais subitement. J'ai posé la marmite d'eau sur le sol et je me suis rendormi.
Ce matin, une congère de plus d'un mètre de haut me séparait de Lynet. Le camp avait retrouvé des allures d'hiver. Après cette nuit de grand vent, je m'attendais à trouver un grand chambardement sur la banquise, mais du haut de la tour j'ai eu la vision inverse d'une étendue de blocs soudés. La tectonique de la banquise échappe à toute logique.

Dimanche 16 juin 2002

Temps couvert. Pluie le matin. Neige l'après-midi. Vent violent.
12 TU.
N 87° 22 809.
E 7° 19 000.
V 50 N.
T + 1 °C.
Wcf – 7 °C.
Hu 92 %.
P 1 002,7.

Journée à l'intérieur. J'ai tout de même fait ma balade quotidienne vers le nord, en début d'après-midi.
Des crêtes de compression ont remplacé le chenal sur lequel j'avais fait une promenade en barque : du gros travail...
L'anémomètre est resté bloqué à 50 toute la journée.
Le *Polar Observer* n'a pas cessé de vibrer sur son piédestal qui se rétrécit. Avec le redoux et la pluie de ce matin, la neige s'est alourdie, faisant apparaître de nombreuses fissures sous-jacentes. On croirait un sol de tremblement de terre. Certaines vieilles brèches ressoudées ne sont qu'à 20 mètres du camp. Ce soir, vers 23 heures, à la faveur d'une éclaircie, je suis parti vers le nord où la glace semble travaillée par les tensions du pack. Les affrontements sont impressionnants.
Le vent est passé au nord-est dans l'après-midi, et je fais de l'ouest : je suis ce soir au nord de Marseille, ce n'est pas une blague.

Lundi 17 juin 2002

Temps couvert. Éclaircies dans l'après-midi. Couvert le soir.
12 TU.
N 87° 17 025.
E 4° 33 484.
V 25 NE.
T 0 °C.
Wcf – 7 °C.
Hu 89 %.
P 1 014,7.

Aujourd'hui, la banquise a continué de libérer les tensions accumulées pendant les trois derniers jours de grand vent. Le paysage autour de moi se transforme avec une rapidité surprenante.
En moins d'une heure un nouveau chenal s'est ouvert à 50 mètres du camp. L'espace qui m'entoure se trouve maintenant cerné par ces passages naturels.
Des repères familiers sont méconnaissables.
Dans l'après-midi, le soleil s'est glissé entre les nuages pour illuminer la naissance de ce nouveau monde. Certaines crêtes de compression sont érigées comme des chaînes de montagnes avec des faces verticales, glacées, et des lames acérées. Dans ces affrontements, il arrive que les plaques se chevauchent, mettant à nu des barrières de glace vive, turquoise. Je suis sur un volcan froid en éruption, mais le vent qui souffle encore fort me confisque les grondements du chaos. Peut-être m'auraient-ils fait peur ?
C'est beau, puissant, magnifique ; je vis dehors, je m'éternise dans cet air glacial qui me pique les joues, je ne me lasse jamais. Lorsque je rentre me mettre à l'abri, ivre comme un enfant qui a trop couru, je réchauffe mes mains autour d'un bol de café au lait et je rigole de ce bonheur qui m'envahit, avant de pouvoir bientôt le partager avec ceux qui me sont chers.

Mardi 18 juin 2002

Temps couvert. Éclaircies en fin de soirée vers 20 heures.
12 TU.
N 87° 12 910.
E 3° 55 007.
V 25 N.
T 0 °C.
Wcf – 7 °C.
Hu 91 %.
P 1 011.

Journée océanographique. La collecte du plancton m'a semblé plus riche aujourd'hui ; la lumière agit comme le printemps sur la vie. La remontée au moulinet des 800 mètres de cordelette de la bathysonde est toujours difficile pour les bras et pour la tête car à aucun moment on ne peut s'arrêter. J'essaie progressivement de muer les 2 400 tours de manivelle en vingt minutes de méditation active, comme un brahmane récite ses mantras, mais j'ai encore des progrès à faire pour m'extraire jusqu'au bout de cet effort lancinant.
L'envie de regarder le compteur est souvent plus forte, et je suis chaque fois déçu, comme si le fait d'y jeter un œil me punissait de cent mètres. J'aimerais voir un jour la sonde émerger de la glace sans même m'être aperçu que je moulinais, mais ce ne sera sans doute pas pour cette dérive.

Mercredi 19 juin 2002

Temps couvert.
12 TU.
N 87° 08 358.
E 3° 08 550.
V 20 N.
T 0 °C.
Wcf – 6 °C.
Hu 92 %.
P 1 004,8.

Lors de certaines compressions, la face immergée de la banquise – le plafond de la mer – est parfois propulsée au grand jour. Ces éventrations remontent à la surface des blocs de glace maculés de taches brunes : ce sont des algues microscopiques poussant sous la banquise. Ces végétaux constituent le premier maillon du réseau alimentaire, la pitance du krill, ces petits crustacés qui se déplacent souvent en essaim et dont se régalent les poissons, les oiseaux, les phoques et les baleines.
Ce matin, je me suis approché de quelques-uns de ces blocs colorés que j'avais repérés aux jumelles, à 300 mètres vers le nord. Je n'avais rien emporté avec moi pour collecter et photographier ces algues logées au creux de la glace érodée, me disant que ce serait l'occasion d'une promenade pour l'après-midi. Après le déjeuner, je regardais machinalement par le hublot et quelle ne fut pas ma surprise en voyant la banquise largement ouverte à cinquante mètres du *Polar Observer* ! La trace de mes pas imprimés dans la neige ce matin était interrompue par un chenal de 3 mètres de large. Je suis resté béat, sur les bords de cette veine noire qui me barrait la route, totalement imprévisible il y a quelques heures. Je me suis demandé ce que j'aurais fait si elle s'était ouverte ce matin alors que j'étais de l'autre côté. Marcher pour essayer de trouver un passage – je sais par expérience qu'il faut parfois aller très loin –, ou traverser à la nage et regagner très vite la maison pour me changer ?
Cette seconde solution m'est soudain apparue comme une évidence, me soulageant de mes appréhensions quant aux éventuelles surprises que peut ménager la banquise : elle ne prévient jamais. Je garde l'idée au chaud.

Réseau trophique

Les scientifiques emploient les termes de réseau trophique pour désigner le maillage entre proies et prédateurs dans la nature. Pour simplifier, on peut parler de réseau alimentaire, plutôt que de chaîne alimentaire qui signifie une succession de maillons. La distribution de nourriture ne se fait pas à sens unique. Les gros mangent les tout petits : les baleines font des festins de krills qu'elles filtrent à travers leurs fanons. Les petits mangent aussi les carcasses des gros : les oiseaux et le renard polaire se nourrissent des restes des phoques tués par les ours blancs.

Le réseau alimentaire en Arctique

En Arctique comme partout ailleurs dans la nature, sur terre comme en mer, le réseau alimentaire repose sur l'aptitude des cellules végétales à transformer l'eau, l'air et les sels en substances nutritives sous l'action du soleil : c'est la photosynthèse.
La singularité du haut Arctique vient d'une brutale alternance entre une courte période d'ensoleillement intense en été et une longue nuit glaciale.
Le nombre d'espèces adaptées à ces conditions de vie extrêmes est assez limité.
Sur terre, quelques herbivores, rennes, bœufs musqués, lièvres et petits

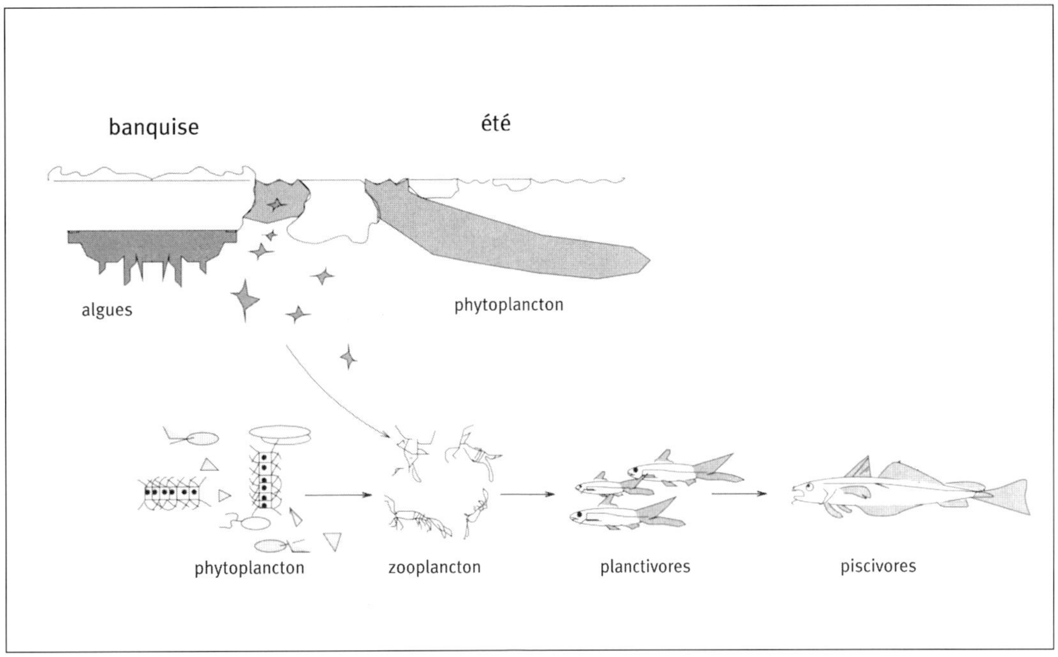

rongeurs (lemmings et spermophiles), se nourrissent d'une végétation abondante durant l'été, et subsistent l'hiver en grattant la neige et le sol gelé pour quelques herbes et lichens. Deux redoutables carnivores, le loup et le renard, rôdent sans cesse en quête de nourriture, surtout au printemps et en été où ils dévorent les jeunes proies.

En mer et sur la côte, la vie prend naissance à partir du phytoplancton, cette « herbe océanique » qui pousse sous l'action de la lumière. En hiver, cette vie est ralentie par l'obscurité. De minuscules crustacés – krills, copépodes (zooplancton) – et quelques petits poissons se nourrissent de menues algues accrochées sous la banquise.

Au printemps, avec le retour du soleil, on assiste à une explosion de la vie marine.

Le plancton, les poissons et les crevettes nourrissent les phoques, les bélugas, les baleines et les oiseaux de mer qui arrivent par milliers sur leurs aires de nidification.

Le renard blanc commence à rôder autour des nids où il trouve une nourriture facile, les œufs et les oisillons. Les phoques accouchent de leurs petits. C'est l'heure où l'ours polaire, le grand prédateur, affamé par son jeûne hivernal, commence son festin de phoque. Les restes de ses repas pantagruéliques feront les délices des oiseaux et du renard, omnivore opportuniste.

La période de chasse est courte pour les animaux inféodés à l'Arctique, si bien que la sélection est sévère.

Mais l'équilibre reste fragile entre ces espèces individuellement fortes. Il n'y a pas de place pour un autre animal qui se comporterait en prédateur inaccessible : l'Homme.

La vie en mer, sur la banquise et en été.

Jeudi 20 juin 2002

Temps couvert sans la moindre éclaircie.
12 TU.
N 87° 02 076.
E 3° 12 387.
V 25 NNW.
T 0 °C.
Wcf – 7 °C.
Hu 88 %.
P 999.

Pour répondre aux objectifs pédagogiques de la « Mission Banquise », le *Polar Observer* devait être une vitrine des énergies nouvelles. C'était un souhait partagé par Jacques Labeyrie, directeur des recherches de l'ADEME, et Yves Cochet, alors ministre de l'Environnement, qui m'ont tous deux soutenus dans cette démarche. On utiliserait le gaz naturel pour le chauffage et le réchaud, les cellules photovoltaïques et la pile à combustible pour les besoins en électricité.
Face à ces exigences, la question du renouvellement de l'énergie fossile – qui devra répondre à deux impératifs : satisfaire la demande énergétique croissante de l'humanité tout en respectant l'équilibre écologique de la planète – s'est posée. J'ai emporté dans mes bagages de nombreux livres sur les sciences de la vie et de la Terre pour étudier cette épineuse question. Je viens à peine de terminer cette réflexion et je vous la livre.
Ce soir, je suis allé faire une promenade en barque sur le jeune chenal qui s'est ouvert hier tout près du camp.

L'ÉNERGIE DU FUTUR

L'HOMME N'INVENTE PAS L'ÉNERGIE, IL LA FAÇONNE SELON SES BESOINS.

Il faut se rendre à l'évidence, 100 % de l'énergie utilisée par l'humanité est issue des forces relatives à la création de l'univers. Rien ne se perd, rien ne se crée, tout se transforme, le résultat est une question de temps ou de puissance – l'intelligence humaine étant une forme de puissance. Aujourd'hui, 94 % de l'énergie primaire nous vient de la transformation du rayonnement solaire et 6 % provient de l'énergie concentrée dans la matière, selon la célèbre formule d'Einstein $E = mc^2$.

L'énergie solaire représente 94 % de la consommation énergétique (thermique et électrique).

Ce qui différencie ces énergies, c'est le temps de transformation du rayonnement solaire en ressource potentielle. Leur densité énergétique dépend du temps d'ensoleillement.

L'énergie solaire immédiate est encore négligeable à l'échelle planétaire.

- Le chauffe-eau solaire est un accumulateur qui capte la chaleur du soleil.
- Le photovoltaïque transforme l'énergie solaire en énergie électrique.

L'énergie solaire différée constitue moins de 4 % de l'énergie primaire mondiale.

- L'énergie hydraulique s'obtient par les barrages, réservoirs d'énergie alimentés par le cycle de l'eau (évaporation, nuages, précipitations), qui est activé par le soleil. Elle représente 18 % de l'énergie mondiale.
- L'énergie éolienne exploite les mouvements des masses d'air provenant de leur différence de température.
- Les biocarburants sont obtenus à partir des cultures de colza, lin, tournesol (photosynthèse).
- La biomasse est essentiellement composée de produits forestiers et agricoles (photosynthèse).

L'énergie solaire géologique forme 90 % de l'énergie primaire mondiale.

• Le charbon, le pétrole et le gaz sont tous des produits issus de la décomposition de matières organiques enfouies dans le sol. À l'origine, la production végétale est le résultat de l'accumulation de millions d'années d'énergie solaire par photosynthèse (propriété des plantes à fixer le gaz carbonique de l'air sous l'action du soleil pour assurer leur croissance). Ces ressources, qui sont des stocks géants de carbone, ont mis des millions d'années à se constituer. Nous allons les consommer en moins de trois siècles ! Cette consommation massive explique le fort taux de croissance du gaz carbonique dans l'atmosphère depuis le début de l'ère industrielle, et l'amorce du réchauffement climatique.

L'énergie de la matière représente 6 % de l'énergie primaire mondiale.

L'énergie nucléaire civile actuelle repose sur la fission du noyau d'uranium 235 qui libère une grande quantité d'énergie. Elle représente 17 % de l'électricité mondiale.

Les raisons d'une mutation obligatoire

L'énergie tirée du charbon, du pétrole et du gaz couvre 90 % de la demande mondiale, une dépendance dont il faut sortir au plus vite pour plusieurs raisons :

• la population mondiale augmente, la demande énergétique ne va pas cesser de croître et ces ressources vont aller en s'amenuisant ;

• cette situation est politiquement inconfortable pour une majeure partie de l'humanité, surtout pour les plus démunis, car bien avant la fin des réserves l'accès à ces ressources sera limité par le prix fixé par la loi du marché ;

• la pollution urbaine et le réchauffement climatique, liés à la consommation de ces énergies fossiles, atteignent des niveaux inquiétants.

L'énergie nucléaire couvre 6 % de la demande mondiale et présente des atouts : technologie opérationnelle, production importante d'énergie et indépendance vis-à-vis des pays producteurs de pétrole. Mais on connaît ses limites : risques de pollution radioactive en cas de dysfonctionnement et production de déchets radioactifs à longue durée de vie. La fission nucléaire a aussi un avenir limité par la rareté de l'uranium 235, même si l'uranium 238 et le thorium pourront y suppléer.

Un demi-siècle de transition

Sortir progressivement de

cette situation est un lourd problème, complexe, coûteux, mais incontournable. C'est un demi-siècle de transition vers l'énergie du futur qui impose :

• d'optimiser l'utilisation des énergies fossiles, notamment dans les transports ;

• d'investir dans toutes les nouvelles sources et les nouveaux vecteurs d'énergie.

Le solaire, l'éolien, les biocarburants, la biomasse, la géothermie, tous pourront couvrir des besoins domestiques régionaux et soulager ainsi la consommation pétrolière. Mais ils ne pourront pas couvrir les besoins massifs de l'industrie et des transports.

Le gaz naturel, dont les réserves sont prometteuses mais non inépuisables, est efficace pour diminuer la pollution urbaine et la prolifération du nucléaire actuel. C'est aussi une bonne base pour la production de nouveaux vecteurs d'énergies comme l'hydrogène.

Concernant ces nouveaux vecteurs, l'hydroélectricité est adaptée aux pays en développements où les ressources sont disponibles.

L'électricité restera le vecteur domestique et industriel prédominant, mais il faudra trouver d'autres ressources que le pétrole pour la produire.

L'hydrogène est un vecteur d'énergie capable de satisfaire à la fois les besoins des transports et la production d'électricité (piles à combustible), même si, en grande quantité, il reste difficile à produire.

Ouvrons les yeux : l'énergie nucléaire actuelle, qui repose sur la fission des noyaux lourds

Vendredi 21 juin 2002

Temps couvert, cinq minutes de halo de soleil.
12 TU.
N 86° 55 833.
E 3° 16 545.
V 5 NNW.
T 0 °C.
Wcf – 1 °C.
Hu 91 %.
P 1 003,9.

Reflets de l' eau libre sur la brume : le water sky.

d'uranium, est aujourd'hui la seule capable par sa densité énergétique de répondre aux futures difficultés d'accès aux ressources fossiles, tout en résolvant les problèmes climatiques. On en connaît les risques et les nuisances, alors comment sortir de l'impasse ? Pour limiter le développement du nucléaire actuel, le génie humain a quelques décennies pour maîtriser de nouvelles sources d'énergie.

La source d'énergie du futur

L'urgence se faisant sentir, quelle source d'énergie pourrait remplacer des millions d'années de rayonnement solaire accumulé dans les énergies fossiles ?

Les réponses logiques :

- mieux exploiter le rayonnement solaire,
- recréer un soleil sur Terre.

La réponse du physicien :

- nous devons la chercher dans la matière.

Les deux solutions sont pertinentes et c'est ce vers quoi nous tendons, en multipliant les investissements vers les énergies renouvelables et en cherchant à recréer le soleil, c'est-à-dire à maîtriser la fusion thermonucléaire.
La fusion contrôlée des noyaux légers d'hydrogène, autrement dit la domestication de l'énergie solaire, devrait être opérationnelle à l'horizon 2050. Il s'agit d'une « révolution énergétique » qui nécessite d'importants investissements. Pour autant ses ressources sont inépuisables et les effets néfastes sur l'environnement négligeables. L'énergie nucléaire actuelle par fission du noyau sera alors obsolète.

Comme partout ailleurs dans l'hémisphère nord, nous sommes au premier jour de l'été. On ne peut pas dire ici que ce soit la journée la plus longue – il y a trois mois que le soleil ne s'est pas couché au Pôle.
Dès aujourd'hui, l'astre va commencer sa descente sur l'horizon et l'été va paradoxalement s'installer. Il faut tout un printemps pour faire oublier les frimas de l'hiver. La neige a légèrement perdu de son épaisseur et elle s'est transformée dans sa masse. La croûte de surface s'effondre à chaque pas, si bien qu'il est devenu difficile de marcher. Le ciel est uniformément gris avec çà et là des zones plus sombres indiquant la présence d'eau libre qui ne renvoie plus la lumière. Les Anglo-Saxons parlent de *water sky*, j'aime la traduction littérale de « ciel d'eau ». Je redoutais ces indices quand je marchais vers le Pôle, ils signifiaient des passages délicats, des zones d'eau à contourner qui allongeraient ma route. Aujourd'hui, je les regarde comme l'annonce d'une floraison ; sous la lumière, la vie renaît à la surface de l'eau. Les oiseaux de mer le savent et passent de plus en plus souvent. C'est maintenant d'un ours que j'aimerais la visite. Je l'attends tous les jours sans plus y croire, car il n'y a pas grand-chose à manger dans le coin. Ils sont tous à festoyer plus au sud, en lisière de banquise. À cette période, il leur faut deux phoques par semaine pour se remettre du jeûne de l'hiver et préparer les réserves de la prochaine longue nuit : la saison de chasse est courte en Arctique. Un visiteur qui pousserait jusqu'à 86° 55'N serait le bienvenu, de préférence un ours replet qui a déjà fait bombance.

Samedi 22 juin 2002

Temps toujours couvert.
12 TU.
N 86° 54 189.
E 3° 23 290.
V 3 NE.
T 0 °C.
Wcf – 1 °C.
Hu 93 %.
P 1 001,3.

Dimanche 23 juin 2002

Temps couvert.
12 TU.
N 86° 52 134.
E 3° 23 305.
V 15 NW.
T – 1 °C.
Wcf – 4 °C.
Hu 90 %.
P 997,1.

Un oiseau a suffi à mon bonheur : j'ai vu une mouette de Ross sur les bords d'un chenal d'eau libre.
C'est la première fois que je voyais cet oiseau de mer des hautes latitudes. Il était comme dans les livres, légèrement rosé sous la poitrine et les pattes rouges ; j'ai même deviné son collier noir. La mouette de Ross est un oiseau rare qui m'a toujours fasciné car on sait peu de chose sur elle. Elle a tourné autour de moi, s'est curieusement approchée et a filé en planant dans le lit du vent, laissant une trace blanche indélébile dans les plus belles pages de ma mémoire.
Sans vent, la dérive est de 3 kilomètres par jour vers le sud.

Pôle Nord – Pôle Sud

Le pôle Nord se situe au milieu de l'océan Arctique, bordé par la Russie, le Groenland, le Canada et l'Alaska. Il est recouvert par la banquise, une plaque de glace de mer épaisse de un à trois mètres selon son âge. La présence de l'océan et des terres alentour font qu'au pôle Nord la température passe de – 50 °C en hiver à 0 °C en été.

Le pôle Sud, au contraire, se trouve au milieu d'un continent, l'Antarctique, entouré par un océan annulaire où convergent les eaux des trois océans Indien, Pacifique et Atlantique. La calotte de glace qui recouvre l'Antarctique a une épaisseur moyenne de 2 500 mètres. Le pôle Sud, avec son altitude (2 800 mètres) et sa surface gelée permanente, est le plus froid des deux Pôles : la température varie entre – 70 °C en hiver et – 25 °C pendant l'été. Le record de froid sur Terre (– 89,3 °C) a été enregistré à la station russe de Vostok, au cœur du continent, à 3 500 mètres d'altitude.

Lundi 24 juin 2002

Temps couvert. Vent du sud.
12 TU.
N 86° 49 890.
E 3° 59 329.
V 20 SW.
T – 2 °C.
Wcf – 8 °C.
Hu 88 %.
P 1 004,7.

Le vent du sud n'a rien changé au ciel, toujours aussi couvert. Un peu de soleil redonnerait des couleurs et une dimension horizontale à ce paysage sans limites et oppressant à la longue ; il n'est pas apparu depuis le 10 juin. Sans soleil, le photomètre est en berne, ce qui est regrettable car les occasions d'examiner le ciel sont rares au-dessus du pôle Nord.
Lynet ne semble pas se plaindre, il préfère la fraîcheur au soleil. Quand je le détache, il ne s'éloigne pratiquement plus du camp car, à chaque pas, il s'enfonce jusqu'au ventre et se retrouve à sauter comme un cabri pour avancer, une allure qui ne lui convient pas du tout. Il a fini par adopter la cage, où il fait des siestes interminables. Il en sort dès qu'il m'entend tourner la poignée de la porte, pour ne rien perdre d'une éventuelle distribution. Je suis surpris par la voracité avec laquelle il engloutit tout ce que je lui donne, comme s'il se sentait menacé par un concurrent. Comme tous les chiens groenlandais, Lynet un animal tranquille, affectueux, mais c'est un carnassier ; il faut éviter de lui donner à manger du bout des doigts, il n'est pas délicat pour saisir la nourriture.
Je le regarde maintenant en sachant que nous nous séparerons dans quelques jours. Je lui en parle régulièrement et il semble qu'il le sente. Comme tout maître, j'ai du mal à penser que mes interprétations quant à son comportement affectueux ne soient que la simple projection de mes sentiments.

Mardi 25 juin 2002

Éclaircies éparses toute la journée.
12 TU.
N 86° 50 839.
E 5° 06 229.
V 25 S.
T – 2 °C.
Wcf – 8 °C.
Hu 89 %.
P 1 009,4.

Cet après-midi, après les mesures océanographiques, le soleil a émergé et j'ai décidé d'explorer plus loin l'étroit chenal que j'avais remonté en barque il y a quelques jours. Impossible, il n'existait plus, les berges s'étaient affrontées. Sur la banquise, le réseau des voies navigables, les sculptures de glace, l'état du sol, la portance de la neige sont en perpétuel renouvellement. Je comprends pourquoi les Esquimaux utilisaient tant de noms pour désigner les variations de la glace, surtout en cette saison où elle change d'un jour à l'autre.
Fort heureusement j'avais chaussé les skis, car j'aurais eu les pires difficultés dans certains passages où la neige s'effondrait par plaques, sur une hauteur de 30 centimètres, jusqu'à l'eau de fonte qui recouvre la banquise. À l'aller, contre le soleil, j'avais du mal à repérer ces zones fragiles, mais au retour, avec la lumière dans le dos, elles étaient plus faciles à localiser, au grain et à la couleur de la neige.
Un Inuit ne s'y serait jamais fait prendre, et, s'il m'avait accompagné, il m'aurait laissé m'aventurer dans ce « marécage », avant de m'apprendre où se cachent les nuances sous cette apparente monochromie.
Il m'aurait aussi appris en riant, comme ils savent rire d'eux-mêmes, qu'on ne peut pas faire l'économie de l'expérience pour apprendre.

Mercredi 26 juin 2002

Beau temps enfin à partir de midi.
12 TU.
N 86° 50 880.
E 6° 04 830.
V 20 SSW.
T 0 °C.
Wcf – 5 °C.
Hu 90 %.
P 1 005,7.

Le soleil est enfin de retour, il ne s'était pas montré aussi généreusement depuis le 10 juin.
Dès que l'horizon s'est dégagé, je suis monté à l'observatoire et, quand je suis parvenu au troisième barreau de l'échelle, la tour a vacillé dangereusement. La mollesse des haubans m'avait échappé : la fonte de la banquise déchausse les broches de fixation. Il m'a fallu reprendre tous les points d'amarrage avant de pouvoir monter en toute sécurité.
Les compressions ont fait remonter à la surface d'imposantes pièces de glace bleu turquoise sur la tranche, dont certaines renvoient les rayons du soleil, telle une tôle d'acier. En balayant l'horizon aux jumelles, j'ai vu un phoque, en pleine sieste sous le soleil, au même emplacement que celui que j'avais vu le 14 mai dernier. Je n'en avais pas revu depuis. Celui-là avait la même taille et la même couleur brune. Était-ce le même ? Si c'est le cas, il est resté fidèle à son territoire.
Le vent de sud-sud-ouest me rapproche du méridien 10°, et donc de la route vers laquelle je dois me diriger pour être récupéré par le brise-glace.
Pour cette dernière semaine, j'aimerais gagner encore quelques kilomètres vers le sud.

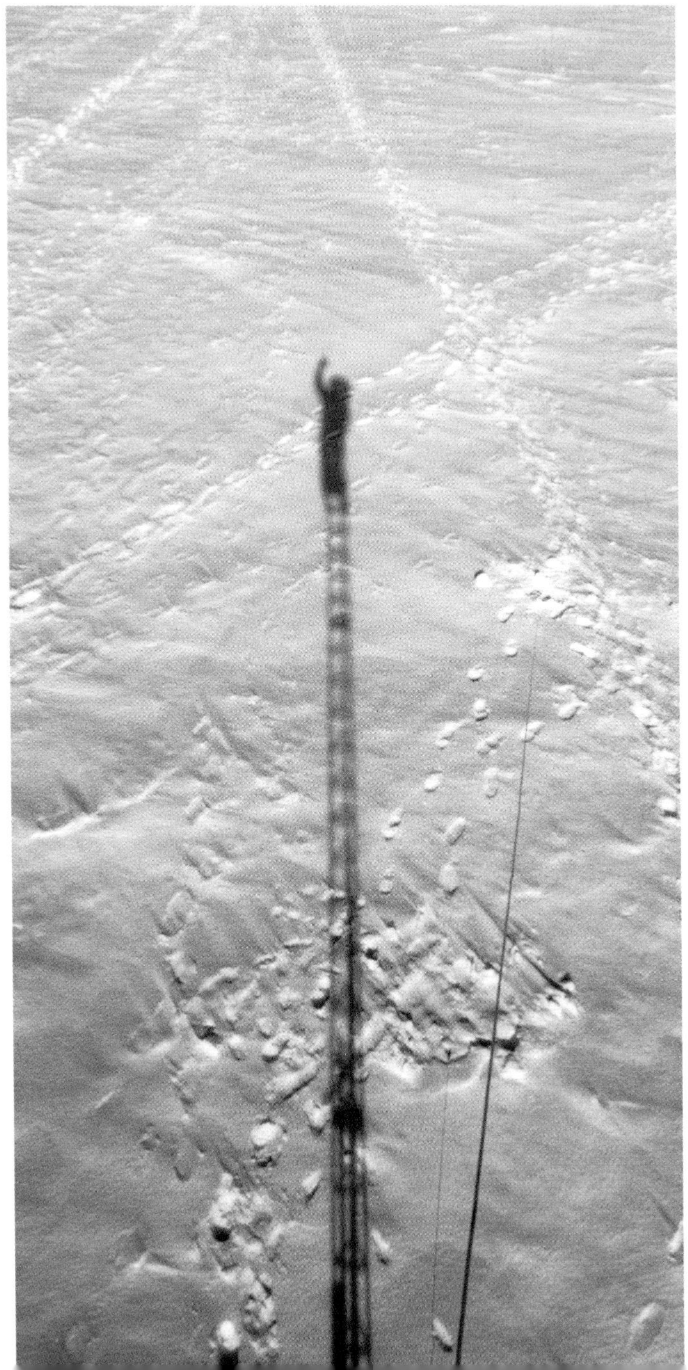

Jeudi 27 juin 2002

Temps couvert entrecoupé de rares éclaircies.
12 TU.
N 86° 51 744.
E 7° 12 896.
V 15 SSW.
T 0 °C.
Wcf – 3 °C.
Hu 92 %.
P 997.

Le *Polar Observer* est maintenant cerné par l'eau de fonte. Je vais quitter la banquise à la période estivale, celle où elle devient impraticable. En voyant combien il est difficile de marcher dans cette bouillie de neige, j'ai une pensée admirative pour Nansen et son compagnon. Après avoir quitté le *Fram* en direction du Pôle, ils tentaient de rallier une terre d'asile dont ils n'avaient qu'une vague idée. La glace s'effondrait sous leurs pas, ils passaient souvent à l'eau, des ours menaçants rôdaient autour d'eux, des morses avaient à plusieurs reprises attaqué leur embarcation de fortune... C'était en 1895 ; ils avançaient à l'estime, sans trop savoir où ils allaient ni s'ils seraient un jour secourus.
Quel courage ! Serions-nous capables aujourd'hui de tant de bravoure ?
Les équipements personnels, les moyens de navigation, de communication et de transport dont nous disposons nous détournent forcément de ces actes héroïques. Aujourd'hui, la survie repose sur l'endurance à attendre le secours des autres.
Nous n'en sommes pas moins valeureux, nous livrons d'autres combats.

Vendredi 28 juin 2002

Couvert, éclaircies passagères, neige.
12 TU.
N 86° 50 314.
E 8° 05 165.
V 25 W.
T – 1 °C.
Wcf – 7 °C.
Hu 91 %.
P 991,6.

J'ai du mal à me décider mais il faut plier le camp, un gros travail de démontage et de mise en caisses en perspective. Le photomètre a inauguré la séance ; privé de soleil, il était au repos depuis une quinzaine de jours. Il a fallu la pioche pour dégager ses pieds métalliques enfoncés dans la glace. Ce soir, son absence crée un vide dans le camp. J'étais attaché à cet instrument qui, régulièrement et sans qu'on le commande, se tordait le cou pour regarder le ciel dans toutes les directions.
Tout prend fin ; cette « Mission Banquise » avait aussi une vocation pédagogique qui m'a permis, avec le concours du ministère de l'Éducation nationale, d'être en contact régulier avec des élèves de collèges et lycées, afin de leur faire partager ce que je vivais, tout en privilégiant l'apport scientifique de cette aventure. Ce fut donc aujourd'hui ma dernière communication avec eux. Durant ces trois mois d'échanges, ils m'ont souvent questionné sur la pollution, mais aussi sur un point qui les intriguait beaucoup : comment devient-on explorateur ?
Ils avaient suivi ce que j'ai fait, ils connaissaient mon parcours, ils m'avaient « vu à la télé », ma parole avait donc forcément de l'importance, ce qui m'imposait d'être très attentif à mes réponses.
D'abord il faut un métier, une compétence : infirmier, mécanicien, scientifique, cuisinier, soudeur... En ce qui me concerne, la médecine a été mon passeport pour l'aventure. Mais surtout, rien n'arrive sans volonté ni travail. Même les plus passionnés connaissent des moments de lassitude, de doute, des envies d'abandonner, de changer d'orientation. L'enthousiasme est comme le feu, il faut sans cesse mettre des bûches, apporter une énergie quotidienne, sinon tout s'arrête. En échange de quoi, la persévérance est toujours gratifiée ; des moments de bonheur, de joie intense, jalonnent les avancées sur le chemin entrepris.

Samedi 29 juin 2002

Nuages d'altitude. Quelques éclaircies.
12 TU.
N 86° 44 220.
E 8° 58 965.
V 25 NW.
T – 1 °C.
Wcf – 6 °C.
Hu 86 %.
P 1 002,7.

Dimanche 30 juin 2002

Couvert. Neige.
12 TU.
N 86° 44 503.
E 9° 29 935.
V 20 SSE.
T + 1 °C.
Wcf – 3 °C.
Hu 91 %.
P 1 000,6.

Week-end de démontage, de nettoyage, de tri. Le camp se transforme en un champ de caisses. Hier matin, j'ai eu une très mauvaise surprise. Mes affaires personnelles, stockées au sec sous une tente-dôme, étaient gorgées d'eau. Avec la fonte de la neige, je voyais bien que la tente s'enfonçait régulièrement, mais je n'imaginais pas qu'elle soit devenue une piscine, avec par endroits 30 centimètres d'eau.
Il m'a fallu plus d'une heure pour tout sortir sans m'avachir dans l'eau glaciale. La glace, sous le tapis de sol, était si lisse qu'accroupi, avec des charges dans les bras, j'avais du mal à garder l'équilibre.
Après avoir tout essoré, j'ai accroché le linge sur ce qui tenait encore debout, et ce matin il était déjà sec.
Le *Polar Observer* paraît tout nu sans les antennes, les cheminées et le sas d'entrée. On le croirait tombé du ciel. Il ne reste que la girouette à pollen, je la démonterai lundi, suivant le protocole scientifique.

Lundi 1er juillet 2002

Couvert le matin, très beau temps l'après-midi.
12 TU.
N 86° 42 601.
E 9° 18 579.
V 10 N.
T – 2 °C.
Wcf – 4 °C.
Hu 98 %.
P 1 005,7.

Il faisait si beau cet après-midi que je suis allé faire un dernier tour en barque sur une voie d'eau ouverte vers le sud, en direction du trou percé par le phoque. Je venais à peine d'arriver qu'il a sorti la tête à la surface de l'eau, ses yeux ronds écarquillés, se demandant quelle pouvait être cette créature rouge au milieu de l'océan. Il m'a observé, s'approchant peu à peu, puis a disparu quand j'ai mis la barque à la mer.
Les avancées sous-marines de la banquise donnaient à l'eau la couleur turquoise des lagons. Les crêtes de compression tombaient à pic sur la mer comme des falaises de glace. Le phoque, probablement un phoque marbré, est ressorti plusieurs fois à une trentaine de mètres du canot. À chaque détour de banquise, je découvrais une nouvelle rivière vierge, des canyons tortueux creusés dans la « pierre d'eau ». C'était une navigation magnifique, un sublime cadeau de la banquise à la veille de mon départ. Soudain le silence fut troublé par le hurlement lointain de Lynet, tel un loup appelant ses congénères. Quand je suis arrivé au camp, il m'attendait comme d'habitude, assis à côté de sa niche, content de me retrouver après de si longues heures d'absence.

Mardi 2 juillet 2002

Très beau temps.
12 TU.
N 86° 36 919.
E 9° 14 050.
V 5 WSW.
T – 2 °C.
Wcf – 5 °C.
Hu 91 %.
P 1 008.

Le brise-glace qui doit me ramener a quitté le Spitzberg en fin de matinée.
C'est pour moi la première expédition dont l'issue doive être programmée avec autant de précision. Je n'ai pas le choix. Aucun avion ne peut se poser sur la banquise en cette saison ; seul un brise-glace est capable de venir jusqu'à moi. Gilles Gamond et moi avons affrété le *Yamal* pour la première semaine de juillet, un énorme brise-glace russe de 75 000 chevaux. Le capitaine annonce une vitesse de progression de 10 nœuds (18 km/h) à travers la banquise ; s'il tient cette moyenne, il pourrait être là dans quarante-huit heures. Il y a à son bord un hélicoptère MI8, le même que celui qui m'a déposé au Pôle, qui servira à embarquer le *Polar Observer* sur le pont du brise-glace. La logistique de récupération est en cours et dans les temps : à partir de maintenant, je peux me reposer et savourer les dernières heures qu'il me reste à passer sur la banquise.

ЯМАЛ
ЯМАЛ

140
138
136
134
132
130
128
126
124
122
120

Jeudi 4 juillet 2002

Très beau temps.
12 TU.
N 86° 38 258.
E 10° 37 267.
V 20 S.
T – 2 °C.
Wcf – 7 °C.
Hu 90 %.
P 1 006,1.

À dix heures du matin, la voix de Victor Boyarsky a retenti sur mon Iridium, il m'appelle de la passerelle du *Yamal*. Égal à lui-même, il communique son enthousiasme ; c'est réconfortant dans ces moments où la tension et l'émotion se côtoient. Il a pris en main la logistique, ce qui me facilite la vie, puisqu'il connaît bien le terrain et qu'il négocie dans sa langue avec l'équipage du *Yamal*. Dans un anglais que je comprends à peu près, pour l'avoir longtemps fréquenté, Victor m'explique que la progression du brise-glace est ralentie par une épaisse banquise et qu'il ne pourra pas arriver immédiatement jusqu'à moi. L'hélicoptère décollera dans une heure, avec une petite équipe à bord : Denis, Francis, Emilio, Jean-Gabriel, quelques journalistes, et bien sûr Elsa et Elliot que je suis impatient de serrer dans mes bras. De mon côté, tout est prêt et je m'en remets totalement à eux.

Cette expédition se termine. Assis à l'abri du vent, je savoure ces derniers instants, je fais le plein d'images et d'air pur, je m'éternise dans ces minutes d'une rare intensité. Précédé de quelques fausses alertes, le bruit de l'hélicoptère s'impose sans ambiguïté et vient rompre la solitude dans laquelle je suis installé depuis trois mois. Il arrive très vite sur moi et me tourne autour. Je le salue de la main. L'hélicoptère s'immobilise sur le sol dans un vacarme infernal. La porte s'ouvre et Victor descend le premier pour évaluer l'état de la glace. Puis les autres suivent, si emmitouflés que j'ai du mal à les reconnaître : Francis, Emilio, Denis, qui se tiennent discrètement à l'écart. Elsa sort enfin avec Elliot dans les bras et nous allons tous trois nous réfugier dans le *Polar Observer*. Les retrouvailles sont émouvantes ; Elliot avait quatre mois quand je suis parti, il en a sept maintenant. Il gazouille et me sourit comme si nous nous étions quittés la veille ; j'en suis ému aux larmes. Merci Elsa, de lui avoir si bien parlé, pendant tout ce temps, de son papa du Pôle. La prochaine fois nous partirons ensemble.

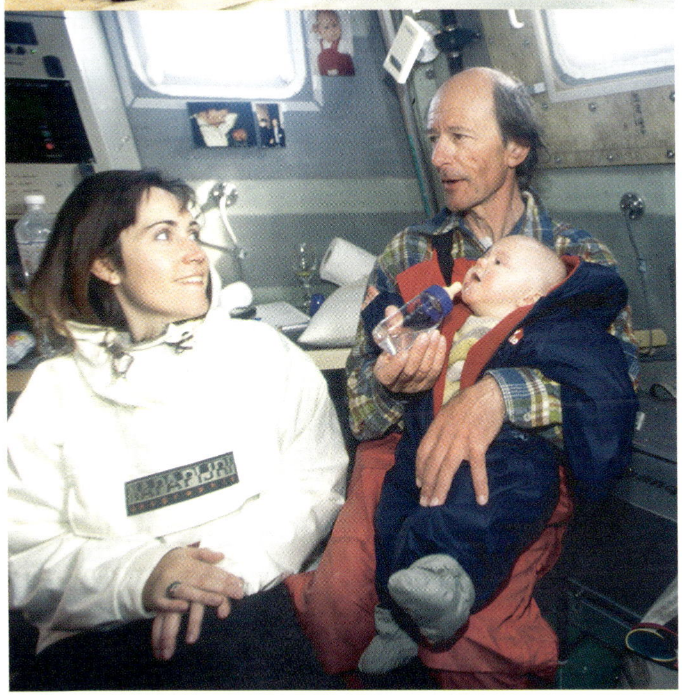

RA-25394

YAMAL

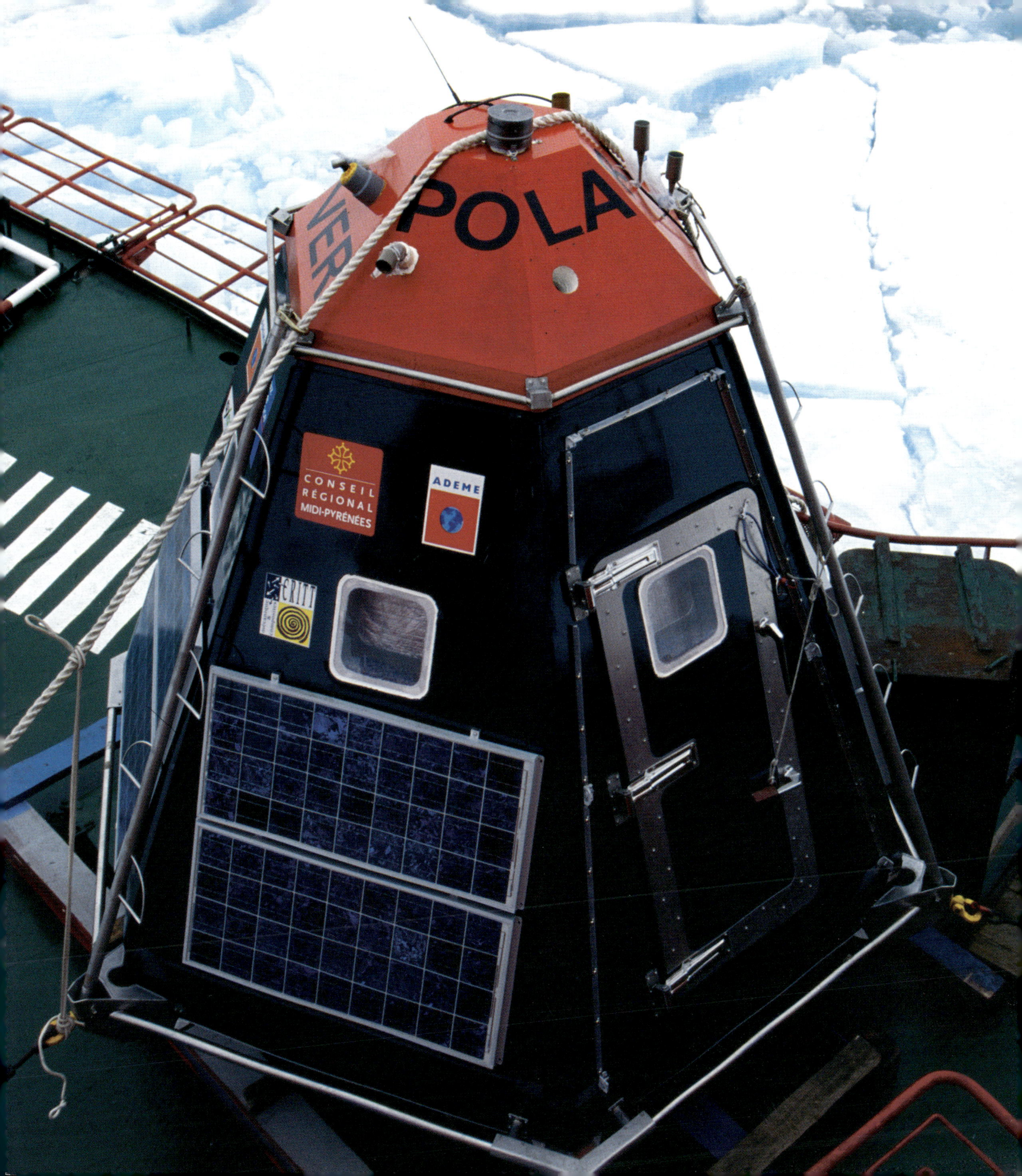
VER
POLA
CONSEIL
RÉGIONAL
MIDI-PYRÉNÉES
ADEME
CRITT

TABLE DES MATIÈRES

Lynet retrouve ses amis du chenil au Spitzberg.

CRÉDITS PHOTOGRAPHIQUES

Jean-Louis Étienne : 6-7, 8-9, 16, 17, 32, 34, 37, 39, 43 droite, 44, 46-47, 48-49, 51 bas droite, 52-53, 54, 56-57, 58-59, 60-61, 62-63, 64, 67 haut gauche, 71, 73, 74-75, 76-77, 78-79, 81, 82-83, 84-85, 86-87, 88-89, 90-91, 92, 93, 94-95 haut, 96-97, 98, 102, 104-105, 108-109, 110-111, 112-113, 114, 116, 118-119, 120-121, 123, 124-125, 126-127, 128-129, 130-131, 33, 136, 139, 140-141, 142-143, 144-145, 146, 148-149, 150-151, 153, 154-155, 156-157, 158-159, 160-161, 162-163.
Francis Latreille : 2, 4, 10, 21, 22-23, 24, 26-27 haut, 28-29, 30-31, 32-33, 35, 36-37, 38, 40-41, 42, 43 gauche haut et bas, 45, 50, 51 haut et bas gauche, 55, 65, 66-67 bas droite, 68-69, 70, 72, 95 bas, 101, 132, 134-135, 164-165, 166-167, 169, 170-171, 172-173, 175.
CRITT : 19 droite-20
Graphique Garage : 15, 80, 106.
GREA, Brigitte Sabard et Olivier Gilg : 100, 137-138, 152.
Jean-François Chaigneau : 168.
François Bernard : 25, 27 bas
Courbe océanographique/Dominique Taillez : 77 bas
Archives Seuil : 11
Archives Jean-Louis Étienne : 12, 18, 19
DR : 13, 16-17,107,117,147
Bionik : 14
Schémas extraits de l'ouvrage d'André Brahic, *Sciences de la Terre et de l'univers* © Vuibert, 1999 : 115

DIRECTION ÉDITORIALE : ELSA PÉNY
ET CLAUDE HÉNARD
SUIVI ÉDITORIAL : CAROLINE FUCHS
DIRECTION ARTISTIQUE : VALÉRIE GAUTIER
SUIVI DE FABRICATION : CHARLOTTE DEBIOLLES

PHOTOGRAVURE : IGS - CHARENTE PHOTOGRAVURE, À L'ISLE-D'ESPAGNAC
IMPRESSION : IMPRIMERIE MODERNE DE L'EST À BAUME-LES-DAMES
ACHEVÉ D'IMPRIMER EN NOVEMBRE 2002 – N° 55683 (16408)